novum pro

Christine R. Schweinzer

Von San Diego nach Santiago

Pacific Crest Trail und Jakobsweg –
1300 km allein unterwegs

novum pro

www.novumverlag.com

Bibliografische Information
der Deutschen Nationalbibliothek:

Die Deutsche Nationalbibliothek
verzeichnet diese Publikation in
der Deutschen Nationalbibliografie.
Detaillierte bibliografische Daten
sind im Internet über
http://www.d-nb.de abrufbar.

Alle Rechte der Verbreitung,
auch durch Film, Funk und Fernsehen,
fotomechanische Wiedergabe,
Tonträger, elektronische Datenträger
und auszugsweisen Nachdruck,
sind vorbehalten.

© 2020 novum Verlag

ISBN 978-3-99064-949-7
Lektorat: Heinz G. Herbst
Umschlagfotos: Sergiomonti,
Kanpisut Chaichalor | Dreamstime.com
Umschlaggestaltung, Layout & Satz:
novum Verlag

Gedruckt in der Europäischen Union
auf umweltfreundlichem, chlor- und
säurefrei gebleichtem Papier.

www.novumverlag.com

Inhaltsverzeichnis

Der Pacific Crest Trail und ich 7
Wie alles begann 7
    Was ist der PCT? 8
    Pilgern oder wandern? 9
Meine Vorbereitung auf den PCT 11
Megamarsch 11
Motivation: 13
Was haben Wandern und Erfolg gemeinsam? 14
Wandern und spirituelle Erfahrung 15
    Mein Ostseeweg 100 km in 24 Stunden 15
Megamarsch auf Sylt 17
Der PCT und ich 18
Tagebuch Pacific Crest Trail 19
    Trampen 63
    Zero Days 65
    Trail-Planung 66
    Die Bridge of the Gods 66
    Informationen zum Pacific Crest Trail 67
Visum 72
    Auslandskrankenversicherung 73
Orientierungshilfen 74
    Guidebooks, Karten, APPs 74
Ernährung am PCT 77
Resupply-Strategie 79
Ausrüstung 83
    Elektronische Geräte 83
    Smartphone 83
    Kamera 83
    Powerbank 84
    Solarpanel 84

Mp3 Player	84
Personal Locator Beacon	85
Base Weight	85
Bekleidung	89
Bärenkanister	92
Reiseapotheke und Medikamente	93
Wasser am PCT	94
Hygiene am Trail	97
Trail Angels und Trail Magic	99
Menschen am PCT	102
Tiere am PCT	103
Leave no tracks rules	106
Scheitern	110
Camino de Santiago	110
Jakobswege in Spanien	111
Der Camino del Norte	112
Herbergen am Camino	113
Liste der Herbergen:	115
Verpflegungsmöglichkeiten am Camino	115
Pilgerpass	116
Die Compostela	117
Orientierung am Camino	117
Tagebuch Camino del Norte	120
Sekte	157
Wunder am Camino	159
Menschen am Camino	160
Der Weg ist das Ziel	163
Wenn ich den PCT noch einmal laufen würde	164
Wenn ich den Camino noch einmal laufen würde	166
Link-Liste	167

Der Pacific Crest Trail und ich

Wie alles begann

Es war im Herbst 2016, als meine Tochter sagte: „*Mama lies mal etwas Gescheites.*"

Da ich immer Sachbücher lese, war damit etwas anderes gemeint. Ich ließ mich in einen Buchladen treiben und kam mit zwei Büchern nach Hause: „*Eis Leben meine Forschungsreisen in der Antarktis*" von Birgitt Sattler und „*Laufen Essen Schlafen*" von Christine Thürmer. Obwohl ich auch Mikrobiologie in Innsbruck studiert habe wie Birgitt Sattler und Schnee liebe, merkte ich schnell: „*Also die Antarktis ist es nicht*" Auch das andere Buch verschlang ich innerhalb kürzester Zeit. Es handelt von einer erfolgreichen Geschäftsfrau, die ihr bisheriges Leben gegen ein Leben in der Natur eingetauscht hat. Sie erzählte von Weitwanderwegen in den USA. Ich war fasziniert und begann mich damit auseinanderzusetzen. Schnell wusste ich: Das ist genau das, was ich machen will.

Ein Traum war geboren.

Je mehr ich darüber recherchierte, umso mehr packte es mich. Alleine die Bilder auf Blogs und YouTube-Videos sahen so faszinierend aus, dass ich am liebsten gleich losgewandert wäre. Als ich meinen Kindern davon erzählte, waren sie gar nicht geschockt, ganz im Gegenteil: Sie sagten, dass sie das gut finden und mich unterstützen würden.

Ich dachte, ich könnte im Frühjahr 2019 losmarschieren. Doch dann kam es mir zu lange vor, zwei Jahre lang einen Traum aufrechtzuerhalten. Also überlegte ich, ob ich nicht bereits 2018 starten könnte. Doch mitten im Sommer war die Hochzeit meines Sohnes geplant. Zwar ermutigten mich meine Kinder, trotzdem loszugehen, dann mal schnell nach Europa zu fliegen, um danach die Wanderung fortzusetzen. Das erschien mir aber unrealistisch. Wie sollte man es schaffen, zu einem bestimmten Zeitpunkt einen Flughafen zu erreichen? Mich würde das wirklich stressen. Also blieb es bei der ursprünglichen Planung: Start 2019.

Ich fuhr fort, Videos anzuschauen und Blogs zu lesen. Ich fand den Blog einer Frau, die 2017 gewandert ist. Ihr Sohn schenkte ihr den Blog mit dem Titel: *Mama wandert*. Ich las fast alles. Vor allem die Vorbereitung. Da erfuhr ich, dass sie an einer 100-km-Wanderung in 24 Stunden teilgenommen hatte, ohne die 100 km zu meistern. Davor hatte ich noch nie von solchen Märschen gehört. Ich erkundete, wo es solche 24-Stunden-Märsche, auch Megamarsch oder Mammutmarsch genannt, gibt. Und ich hielt es für eine gute Idee, so einen Marsch als Vorbereitung auf die lange Wanderung zu machen.

Was ist der PCT?

Der Pacific Crest Trail (üblicherweise abgekürzt als PCT) ist ein 4279 Kilometer langer Fernwander- und Reiterweg im Westen der USA, der eng an den höchsten Teil des Sierra-Nevada-Gebirges und der Kaskadenkette angepasst ist, die 160 bis 240 km (100–150 Meilen) östlich der US-amerikanischen Pazifikküste liegen. Der südliche Endpunkt des Wanderwegs liegt im Süden des Ortes Campo (Kalifornien) an der Grenze der USA zu Mexiko und der nördliche Endpunkt auf der Grenze zu Kanada am Rande von Manning Park in British Columbia. Der PCT führt durch fünf Nationalparks, fünf State Parks, 25 National Wald- und 48 staatliche Wildnisgebiete. In den USA läuft er durch die Staaten Kalifornien, Oregon und Washington. Der höchste Punkt wird am Forester Pass in Kalifornien mit 4009 m erreicht. Der Wanderweg führt dabei durch die Sierra Nevada in Kalifornien, zeitweise ist er mit dem John Muir Trail identisch. Anschließend verläuft er über den Höhenzug der Kaskadenkette in Oregon und

Washington. Der Weg gehört zu den „*National Scenic Trails*". Da er meistens an der Bergkette entlangführt, bietet er meistens auch eine wunderschöne, oft sogar atemberaubende Aussicht. Nur in Oregon führt er über längere Strecken durch den Wald.
https://de.wikipedia.org/wiki/Pacific_Crest_Trail
https://www.pcta.org/

Pilgern oder wandern?

Wer kennt sie nicht, die Sehnsucht, dem Alltag zu entfliehen, aufzubrechen zu neuen Zielen und Erlebnissen? Man möchte die Hektik und den Stress ablegen und weiß, dass lange Wanderungen gut sind, um den Kopf frei und Abstand vom Alltag zu bekommen. Bevor man mit der Planung und den Vorbereitungen beginnt, sollte man sich erst einmal Gedanken darüber machen, ob man wandern oder pilgern möchte. Was ist der Unterschied? Auch beim Pilgern ist man in der Natur unterwegs, jedoch kommt man sehr häufig durch Städte und Ortschaften. Auf Pilgerwegen sind meistens mehr Menschen unterwegs als auf Weitwanderwegen. Doch Pilgerwege weisen eine gute Infrastruktur auf, weshalb man, ausgerüstet mit einem Wanderführer, einfach losmarschieren kann. Weitwanderwege bedürfen einer längerfristigen Vorbereitung. Möchte man unterwegs Menschen kennenlernen, oder möchte man lieber für sich bleiben? Möchte man in unberührter Natur wandern oder in einer Kulturlandschaft, wo man überall „Spuren" von Menschen sehen kann? Städte, Äcker, Wiesen und Felder. Man muss sich darüber klar werden, was der Zweck so einer langen Wanderung ist. Möchte man seine Grenzen austesten? Oder einfach ein paar Wochen sportlich unterwegs sein? Möchte man spirituelle Erfahrungen sammeln? Denn raus aus dem Alltag und wandern ist beides. Die Auswahl an Pilgerwegen und Weitwanderwegen ist sehr groß. Beides findet man überall auf der ganzen Welt. Zuerst sollte man sich also überlegen: Pilgern oder wandern? Und dann Informationen sammeln, welche Möglichkeiten es dazu gibt. Wie viel Zeit steht mir zur Verfügung? Davon hängt auch die Länge des Weges ab. Und welchen Schwierigkeitsgrad kann ich bewältigen? Anspruchsvolle Wege über die Berge sollte nur jemand mit Bergerfahrung unternehmen bzw. mit einem Bergführer unterwegs sein. Aber man wird wohl kaum einen Bergführer für einen Weitwanderweg finden. Bevor man sich also in das Abenteuer und die Wildnis stürzt, sollte man sich wirklich richtig vorbereiten.

Der Pacific Crest Trail ist ein Fernwanderweg und gehört zu den National Scenic Trails in den USA. Der Camino de Santiago ist wohl der bekannteste Pilgerweg Europas. Informationen zum PCT findet man online und in etlichen Büchern, doch hauptsächlich auf Englisch. Zum Camino und Jakobsweg gibt es so viele Bücher, dass es schwerfällt, sich einen Überblick zu verschaffen. Am Ende habe ich etliche Bücher aufgelistet, die ich verwendet habe.

Meine Vorbereitung auf den PCT

Megamarsch

Im Januar habe ich mich zum Megamarsch in München angemeldet.

Und danach begann die Vorbereitung: Ausprobieren, mit welchen Schuhen ich besser gehen konnte, Socken ausprobieren, mit welchen es weniger oder gar keine Blasen gibt. Rucksäcke vergleichen. Mit dem einen hatte ich bereits nach kurzer Zeit Schmerzen in der Schulter, der andere verursachte Probleme mit der Hüfte.

Und natürlich suchte ich im Internet nach so vielen Informationen wie möglich. Hilfreich waren auch Erfahrungsberichte. Und daneben standen viele Wanderungen auf dem Programm: Mehrere mit 20 km, drei mit 35 km, eine mit 37 km und zwei mit je 50 km. Nach der ersten Wanderung von 50 km war ich total erschöpft, und mir war absolut schlecht. Nach einer Dusche und trinken von mehr als einem halben Liter Wasser fühlte ich mich besser. Und ich konnte mir etwas zu essen machen.

Was habe ich daraus gelernt? Selbst wenn ich während der Wanderung weder hungrig noch durstig bin, muss ich essen und trinken.

Die zweite 50-km-Wanderung war besser, aber es war eine enorme Herausforderung, weil es ein sehr heißer Tag war. Das größte Problem war mein Hund Luna: Ich hatte Angst, sie bekommt einen Hitzschlag. Sobald es irgendwo Schatten gab, legte sie sich hin. An jedem Brunnen und Bach trank sie, und dazwischen gab ich ihr Wasser. Schließlich ließ ich sie im Schatten eine halbe Stunde ausruhen. Wir brauchten sehr lange, und zu Hause hatte ich wirklich ein schlechtes Gewissen. Zum Glück erholte sie sich recht schnell. Und morgen ist nun der große Tag. Mein Hund Luna macht Urlaub in der Hundepension, und ich fahre mit dem Zug nach München.

Während meiner Vorbereitungszeit überlegte ich mir, ob ich an dem Marsch einfach teilnehmen und so viele Kilometer mache, wie ich schaffe oder mir eine bestimmte Anzahl vornehmen soll. Also plante ich, dass ich 80 km erreichen möchte. Nach meinem zweiten 50-km-Trainingsmarsch habe ich beschlossen, die 100 km zu schaffen. Ich nahm als Motivationsbild den hellblauen Bahnhof von Mittenwald als Desktop-Hintergrund. Dort sollte das Ziel sein. Und ich stellte mir das Hotelzimmer vor, wo ich erschöpft in ein schönes Bett fallen wollte. Ich malte mir aus, wie ich auf den Bahnhof zu marschiere, wo ein kleiner Tisch steht und ich meine Urkunde abholen werde.

Doch es kam ganz anders. Bereits als ich durch die Fußgängerzone von Mittenwald lief, standen Leute links und rechts und applaudierten mir. Ich war verwirrt und nahm es gar nicht so richtig wahr. Doch als ich um die Ecke bog und den Bahnhof vor mir sah, war da eine große Menschenmenge, die mir zujubelte. Hinter mir war erst mal niemand, und ich dachte: „Oh, das gilt wirklich mir!" Ich lief durchs Ziel und bekam eine Medaille umgehängt. Am Tisch holte ich mir meine Urkunde und suchte mir eine Stufe zum Hinsetzen. Mir kamen die Tränen, und ich dachte: *Ich hab's geschafft! Ich hab's wirklich geschafft!* Ich war total überwältigt.

Inzwischen stapeln sich die Bücher über den PCT neben meinem Regal, und ich habe begonnen, mich systematisch vorzubereiten.

Wie funktioniert Resupply? (das Beschaffen von Nahrungsnachschub)

Was ist der Water-Report? Und wo erfahre ich von Trail closure?

Motivation:

Was steckt dahinter, hinter dem Wunsch, eine so lange Wanderung zu machen?
 Ich wandere gerne!
 Ich bin gerne draußen in der Natur.
 Ich bin gerne alleine.
 Das spielt sicher alles mit. Doch es geht um etwas anderes: Bald werde ich 60, meine Kinder sind erwachsen, und fürs Berufsleben bin ich zu alt. Ich habe Zeit, viel Zeit. Wie viel Lebenszeit, wer weiß das schon? Aber jeden Tag 24 Stunden, 7 Tage die Woche. Was mache ich damit?
 Ein bisschen lesen, etwas Neues lernen, mit dem Hund rausgehen, mich ehrenamtlich betätigen ... Ja, es gibt immer was zu tun. Und langweilig war mir noch nie in meinem ganzen Leben. Doch ich suche nach Sinn. Reicht es, sein Leben zu genießen? Hat ein Leben nur einen Sinn, wenn es für andere gut ist? Seit zwei Jahren bin ich nun draußen aus dem Berufsleben und mache immer, was ich will, wozu ich Lust habe. Und doch erscheint es mir nicht wünschenswert, dass es einfach so weitergeht. Eine Fortsetzung vom Ist-Zustand, nein, das will ich nicht! Der Sinn meines PCT besteht darin, herauszufinden, was ich mit dem Rest meines Lebens anfangen möchte. Ich höre ein ABER. Ja, natürlich könnte man, könnte ich den Jakobsweg gehen, wie so unzählige andere Suchende. Doch für mich ist das nichts. Da ist man zu wenig allein. Und, ich gebe es ja zu, die schönen Berglandschaften, durch die der PCT führt, gefallen mir viel besser als der Jakobsweg. Aber noch bin ich nicht losgegangen.

Was haben Wandern und Erfolg gemeinsam?

Auf dem ersten Blick erscheint diese Frage seltsam, aber wollen wir uns das mal genauer anschauen. Bei beidem muss man sich aufraffen und den ersten Schritt machen. Ebenso wichtig ist es, ein Ziel zu haben. Schaut man sich erfolgreiche Menschen an, fragt sich kaum jemand, wie er so weit gekommen ist. Bei einer Gipfelbesteigung ist es eher offensichtlich: Es ist mit viel Mühe und Schweiß verbunden. Doch das allein reicht nicht. Es braucht Disziplin und Bestimmtheit. Auch pures Wollen allein ist nicht ausreichend. Je höher der Gipfel, umso mehr Planung und Vorbereitung braucht es. Erfolg und Wandern haben also vieles gemeinsam. Heute ist mir beim Wandern ein Satz eingefallen, der mich seit vielen Jahren begleitet:

„Wenn man einmal aufgebrochen ist, um etwas zu tun, darf man nicht umkehren, ohne es getan zu haben."
Charles de Foucauld

Heute habe ich mal mehr darüber nachgedacht. Und erkannt, dass dieser Satz nicht immer anwendbar ist. Z. B. kann es unzählige vernünftige Gründe geben, warum eine Gipfelbesteigung abgebrochen werden muss. Weil tiefer Schnee liegt, weil ein Unwetter kommt oder man sich den Fuß verstaucht hat. Wenn man es ein bisschen anders sehen mag, passt der Satz trotzdem. Man ist aufgebrochen, und man hat nicht nur den ersten Schritt gewagt, sondern war eifrig unterwegs, ohne zu zögern. Und hier könnte man sagen: *„Der Weg ist das Ziel!"*

Wandern und spirituelle Erfahrung

Natürlich ist es bekannt, dass beides irgendwie zusammenpasst, und es wurde viel darüber geschrieben. Es gibt Pilgerwege in allen Religionen, aber ich meine weder Religion noch Glauben. Bei und durch eine lange Nachtwanderung machte ich eine tiefe spirituelle Erfahrung. Eigentlich war es mir in der Nacht nicht bewusst, dass da etwas passiert ist. Obwohl wir eine Gruppe waren, war ich plötzlich in der Dunkelheit ganz allein. Kurz machte ich meine Stirnlampe aus, und da war es so dunkel, dass ich meine Hand vor dem Gesicht nicht sehen konnte. Ich marschierte den Lichtkegel der Stirnlampe entlang. Der schmale Weg war gut zu erkennen. Keine Ahnung, ob es eine oder zwei Stunden waren, bevor der Weg wieder aus dem Wald rausführte. Ich verspürte eine Verbundenheit mit allem, mit allen Menschen, aber auch Tieren und Pflanzen, mit allem, was atmet – und darüber hinaus mit den Steinen bis hin zum gesamten Universum, mit der ganzen Schöpfung. In Worte fassen und erklären kann ich es nicht. Die Autostraße mit Lärm und Lichtern holte mich zurück, und ich vergaß, was passiert war. Doch als ich am nächsten Morgen aufwachte, fühlte ich einen tiefen Frieden. Auf der Zugfahrt nach Hause sah ich mein Gesicht sich im Fenster spiegeln. Verwundert dachte ich: Was ist passiert? Man kann es sogar im Gesicht sehen. Nein, ich kann nicht erklären, was passiert ist, aber es ist ganz offensichtlich: Wandern und Spiritualität haben irgendetwas miteinander zu tun. Und es erfüllt mich mit demütiger Dankbarkeit.

Mein Ostseeweg 100 km in 24 Stunden

Das war mein zweiter 100-km-Marsch, doch er unterschied sich absolut vom Mega-Marsch in München. Dieses Mal hatte ich nicht den festen Willen, die ganze Strecke zu schaffen. Ich hatte mich für den Ostseeweg entschieden, weil mich die Landschaft reizte. Noch nie war ich an der Ostsee, und so versprach es ein interessanter Marsch zu werden. Für den Mega-Marsch im Mai hatte ich mich lange vorbereitet und etliche Vorbereitungsmärsche gemacht. Für den Ostseeweg habe ich dagegen keine Vorbereitungswege gemacht. Ich wollte einfach gehen – gehen – gehen. Irgendwie war ich richtig entspannt. Ich wollte, musste niemandem etwas beweisen.

Die Nacht war teilweise nicht so angenehm. Eine Stunde alleine durch die Stadtrandgebiete von Rostock zu wandern. Plötzlich ging eine dunkle Gestalt hinter mir her, und ich fühlte mich unwohl. Später dachte ich, der Mann hatte sicher nur denselben Weg. Doch ich beschleunigte und versuchte Anschluss an eine Gruppe des Ostseeweges zu finden. Hilfreich war, dass die Teilnehmer wegen der Ampeln stehen bleiben mussten. Und endlich konnte ich mit diesen Leuten durch das nächtliche Rostock marschieren. Als wir die Stadt hinter uns gebracht hatten, konnte ich wieder alleine gehen. Doch ein zweites Mal fühlte ich mich extrem unwohl. Es waren ein paar Parkplätze neben einer Bundesstraße. Zwar gab es Schilder, da stand drauf: Übernachten verboten. Trotzdem standen etliche Lastwagen dort, und es war halb zwei Uhr nachts, und ich musste da alleine entlanggehen. Als sich der Wanderweg und die Straße wieder trennten, ging es mir besser. Natürlich war es noch einfacher, als die Dämmerung kam. Schade fand ich, dass ein Teil des Weges an der Küste gesperrt war und man nicht am Meer entlanggehen konnte. Insgesamt war der Weg sehr abwechslungsreich, und das erleichtert das Gehen. Natürlich ziehen sich die letzten Kilometer in die Länge, und man ist froh, wenn man endlich wieder in Bad Doberan, dem Ausgangspunkt, angekommen ist: Doch die Ankunft am Ziel fühlte sich dieses Mal irgendwie nicht spektakulär an. Ja, ich hätte sogar noch weiter gehen können. Die Erschöpfung spürte ich erst so richtig, als ich im Hotel meine Schuhe auszog und mich aufs Bett legte. Trotzdem fühlte ich mich als Gewinner!

Wer weiß, ob ich noch einen dritten Hunderter machen werde?

Megamarsch auf Sylt

27. Oktober 2018

Am Samstag sind 320 Menschen in Westerland gestartet. Zuerst ging es am Strand entlang Richtung Norden durch die Dünen. Es wurde schnell dunkel, und wir hatten großes Glück mit dem Wetter: Es war sternenklar und durch den Mond so hell, dass man kaum die Stirnlampe benutzen musste. Das Rauschen der Wellen und das weißes Mondlicht auf der Wasseroberfläche war einfach wunderschön. Gegen zwei Uhr wurde es richtig kalt. Wir marschierten durch kleine Ortschaften, und auf den parkenden Autos waren die Scheiben vereist. Etwa. alle 20 km gab es einen Verpflegungspunkt. Der Dritte war leider im Freien. Ich hatte mich auf etwas Warmes zum Trinken gefreut, um mich eine Weile hinsetzen zu können, doch beides gab es nicht. Die Station war im Freien, und es gab keinen Strom für den Warnwasserbereiter. Selbst zum Schuhewechseln war es zu kalt. Also nur kurze Toilettenpause, und weiter ging's. Es war eine kalte Nacht, und ich versuchte mal etwas Neues: Ich hatte meinen Mp3-Player mitgenommen, und mit Countrymusik ging auf einmal alles viel besser. Als die Dämmerung kam, machten wir Fotos, und ein paar Jungs freuten sich: *„Wir haben's geschafft! Die Nacht ist vorbei!"* Zwar war es noch genauso kalt, aber die Motivation stieg, und wir marschierten weiter. Der letzte Verpflegungspunkt ließ sich einfach nicht finden: nirgendwo gab es eine Markierung. Diese Mal waren es rot-weiße Bänder. Wahrscheinlich haben diese Flatterbänder irgendjemanden gestört, und sie waren entfernt worden. Das Rumirren in dem Ort war zermürbend. Doch dann tauchte der Verpflegungspunkt auf. Erst beim Sockenwechseln bemerkte ich eine tiefe, offene Wunde zwischen meinen Zehen und ließ mich von den Sanitätern verbinden. Zwar hätte ich noch weitergehen können, trotz Veto der Sanitäter, aber ich wollte nicht mehr. Vom Verpflegungspunkt gab es einen Shuttle zurück zum Bahnhof in Westerland. So erreichte ich noch das herrliche Frühstücksbuffet in meinem Hotel, und nach einer kurzen Ausruhzeit konnte ich noch am Strand spazieren gehen und meinen Aufenthalt genießen. Vor Sonnenuntergang noch eine Tasse Kaffee am Strand und den „Finishern" am Ziel gratulieren. Schön war's!

Der PCT und ich

Wir werden viel Zeit miteinander verbringen, 5–6 Monate. Es ist wie eine Partnerschaft nach dem ersten Kennenlernen durchs Internet. Die erste Zeit wird sicher spannend und aufregend werden. Alles ist neu: der Trail, die Natur, das Übernachten im neuen Zelt, die ungewohnte Ernährung, viele interessante Menschen. Wen stören da Hitze, Durst, Blasen, Wassersuche und vieles mehr? Man könnte diese erste Zeit auch als „Honeymoon" bezeichnen. Doch dann kommt die Gewöhnungsphase, die Routine, der Alltag auf dem Trail. Essen, laufen, essen, laufen, essen, schlafen und wieder von vorne. Da ist es hilfreich, sich daran zu erinnern, warum man diese Beziehung eingegangen ist. Was hat einen gereizt, fasziniert? Und vor allem, was ist die Motivation? Ohne eine starke Motivation wird man wohl kaum 4000 km gehen können.

Tagebuch Pacific Crest Trail

Der Countdown läuft!

13. November 2018

Am Mittwoch beginnt die Möglichkeit, ein Permit für den Pacific Crest Trail zu beantragen. Um 10:30 Pacific East Time. Da sich jedes Jahr ca. 2.000 Menschen in dieses Abenteuer stürzen wollen, werden die Permits für die beliebten Starttage schnell vergeben sein.

Dieses Jahr hat sich die PCT-Association (https://www.pcta.org/) etwas Neues einfallen lassen. Es wird einen sog. Waiting Room geben. Das bedeutet, sobald man den Prozess der Bewerbung beginnt, wird einem mitgeteilt, der wievielte man in der Reihe ist und wie lange es in etwa dauern wird, bis man drankommt. Dann muss man innerhalb von 10 Minuten mit dem Antrag beginnen, für dessen Ausfüllen man noch mal 20 Minuten hat.

Für jeden Starttag werden 35 Permits vergeben. Die zweite Runde, ein Permit zu beantragen, beginnt am 17. Januar. Da werden pro Tag nochmals je 15 Permits vergeben.

Na dann … *Viel Glück*

14. November 2018

Voller Spannung habe ich auf diesen Tag gewartet. Man konnte lesen, dass es am 14. November losgeht um 10:30 Pacific East Time. Kurz vorher könne man sich anmelden. Dieses Jahr wurde ein sog. Waiting Room eingerichtet. Da konnte man sehen, der wievielte man ist und wie lange es dauert, bis man drankommt. Kurz vor dem Start klickte ich auf den Link. Erst hieß es, noch nicht geöffnet, und als es losging, war ich die 2863 in der Reihe. Ich war ziemlich enttäuscht und verbrachte die Wartezeit mit allerhand Dingen. Am Bildschirm konnte man sehen, welche Nummer gerade dran war – und ein kleines Männchen auf einer Leiste. Es lief von links nach rechts. Meistens ging es sehr langsam, und ab und zu fing das Männchen zu laufen an. Dann gingen die Zahlen sehr schnell. Als ich endlich drankam, waren bereits viele Tage vergeben. Doch ich fand noch freie Plätze und suchte mir ein Startdatum aus. Zwar wird es ein paar Wochen dauern, bis die Anträge bearbeitet sind, aber ich werde ein Permit bekommen.

Nachdem ich fertig war, schaute ich neugierig, wie viele noch nach mir kommen, und es waren über 6.000! Es war ein lustiges Gefühl, sich mit so vielen anderen „*Verrückten*" verbunden zu fühlen. Ich bin also wirklich nicht allein mit meinem Traum vom PCT.

17. November 2018

Gestern kamen einige Dinge meiner Ausrüstung mit der Post: mein warmer blauer Daunenschlafsack und das orange Zelt. Das Aufbauen muss ich erst noch üben. Das Zelt steht frei und hat viel Platz für mich und meine Sachen. Nach und nach werde ich meine Ausrüstung vervollständigen und dann schauen, wie ich alles im Rucksack verstauen werde.

22. November 2018

Nun bin ich wieder einen Schritt weiter: Da man auf dem PCT 5-6 Monate unterwegs ist, reicht für die USA das normale Touristen-Visum nicht aus. Man muss auf der Botschaft persönlich ein Visum für 6 Monate beantragen. Doch vorher brauche ich einen neuen Pass. Mein jetziger läuft im kommenden Jahr ab. Also machte ich mich gestern auf, mich um den neuen Pass zu kümmern. Es dauerte insgesamt nur 15 Minuten. Fünf Minuten beim Fotografen, fünf Minuten Wartezeit und fünf Minuten im Büro der Sachbearbeiterin: fertig! Und der Pass wird zugeschickt. Man muss ihn nicht, wie ganz früher, persönlich abholen. Mit der Nummer des neuen Passes kann ich dann das Visum beantragen und auf der Botschaft einen Termin vereinbaren. Der nächste Schritt wird dann sein, den Flug zu buchen.

Pack Weight

Um dieses Thema kreisen bei allen Thru Hikern die meisten Gedanken. Aber was ist das eigentlich? Damit meint man das Gewicht des gepackten Rucksackes ohne Verpflegung und Wasser. Natürlich ist das auch bei kürzeren Wanderungen wichtig, aber bei Tausenden von Kilometern macht es schon einen großen Unterschied, ob man mit leichtem oder schwerem Gepäck unterwegs ist. Man darf dabei nicht außer Acht lassen, dass man oft zwischen vier und acht Litern Wasser zusätzlich mitnehmen muss und ca. ein Kilogramm Lebensmittel pro Tag. Aber wie viel ist denn nun „normal" beim Pack Weight? Es verunsichert zutiefst, dass manche Wanderer sogar die Zahnbürste und den Griff der Haarbürste absägen, alle Schildchen aus der Kleidung entfernen und andere merkwürdig anmutende Dinge tun. Dann gibt es wieder andere, die schreiben auf ihrem Blog, dass sie Bücher mit sich rumgetragen haben und das zusätzliche Gewicht durch den Nutzen für die Psyche absolut ausgeglichen wird. Und so bin ich total verunsichert, liege nachts wach und denke, dass meine Powerbank fürs Handy zu schwer ist. Dann denke ich wieder: Lieber habe ich immer genug Strom fürs Handy, als dass ich auf die paar Gramm verzichte. Dasselbe gilt für das GPS-Gerät, das mir meine Kinder zum Geburtstag geschenkt haben. Während meiner Vorbereitung habe ich gelesen, dass man für den PCT kein GPS braucht, denn er wäre sehr gut markiert. Doch man solle unbedingt einen Kompass und Karten aus Papier mitnehmen. Irgendwie widerspricht sich das. Bis jetzt habe ich mich erst um die „big three" gekümmert, wie man den Rucksack, das Zelt und den Schlafsack bezeichnet. Ich habe unzählige Beschreibungen studiert und Gear Reviews gelesen. Auf den Rucksack warte ich noch. Auch über die Bekleidung habe ich mich informiert, aber bis jetzt nur einige Teile besorgt. Auch die sonstige Ausrüstung ist noch lange nicht komplett. Einen kleinen Kocher habe ich, aber das ist auch alles. Nach Weihnachten werde ich mich intensiv darum kümmern.

Langeweile am PCT

Was macht man den ganzen Tag? OK! Wandern! Und was noch? Wasser suchen und filtern, Essen kochen, Zelt aufbauen etc. Alles Dinge, bei denen man nicht viel denken muss. Und so hat man den ganzen Tag Zeit, sich seinen Gedanken zu widmen. Ich lese gerade ein Buch eines Thru Hikers, der irgendwann nichts mehr zum Denken fand. Er war absolut gelangweilt. Musik hatte er keine mit, dafür aber Hörbücher. Diese Art von Zeitvertreib scheint bei vielen Wanderern sehr beliebt zu sein. Eine junge Frau meinte, wenn man etwas lernen möchte, wäre das beim Wandern eine sehr gute Gelegenheit. Bis jetzt habe ich mich noch nie damit beschäftigt, wie man Hörbücher aufs Handy laden kann, aber das sollte ich unbedingt tun.

27. November 2018

Soeben kam eine E-Mail von der PCT Association: „*Your long Distance Permit has been reviewed and approved. Go ahead and make travel plans. Happy trails!*"

Da ich ein späteres Datum angegeben habe, als ich starten möchte, fühlt es sich noch merkwürdig an, aber man kann theoretisch den Termin ändern. Ich habe es soeben versucht, aber mein Permit scheint noch nicht in deren Datenbank auf. Aber eigentlich ist es auch nicht so schlimm, denn für die ersten 700 Meilen braucht man kein Permit. Meinen neuen Pass habe ich auch heute mit der

Post bekommen. Nun konnte ich mich um das Visum für die USA kümmern. Doch sehr schnell stellte ich fest, dass ich den Antrag noch nicht ausfüllen kann, denn man muss ein digitales Foto hochladen. Und zwar im US-Format. Ich konnte einen Fotografen finden, der solche Fotos machen kann. Nächste Woche werde ich hinfahren. Außerdem werde ich meinen neuen Pass reklamieren, denn das Foto passt absolut nicht. Mein Kopf wurde abgeschnitten. Ich denke nicht, dass man mit so einem Foto z. B. in die USA einreisen darf. Das Passamt muss mir einen neuen Pass ausstellen. Ich werde vorher „hübsche" Fotos machen lassen, im österreichischen Format, versteht sich.

Auch habe ich mich heute darüber informiert, wie ich an den Southern Terminus vom PCT kommen kann. Da am Wochenende keine Busse fahren, war ich gestern sehr besorgt, doch heute geht es mir besser, denn eigentlich zeigt sich mir alles immer zur richtigen Zeit. Es gibt sog. „*Trail Angels*", das sind freundliche Menschen, die den Hikern behilflich sind. Da gibt es z. B. ein Ehepaar, das die Hiker zur Grenze, zum Startpunkt des PCT, transportiert. Die habe ich heute gleich mal angeschrieben. Das klappt bestimmt! Die freundliche Antwort ließ nicht lange auf sich warten.

Fire Permit

Um in Kalifornien ein Feuer machen zu dürfen, benötigt man eine sog California Fire Permit. Doch das gilt nicht nur für Lagerfeuer, sondern auch für Campingkocher. Ich habe den Antrag ausgefüllt, doch so schnell geht das dann doch nicht. Zunächst muss man sich ein belehrendes Video ansehen. Erst wenn man das getan hat, kann man weiterklicken. Darauf folgt ein Quiz, und bei jeder richtigen Frage kommt man einen Schritt weiter. Erst wenn alle Fragen richtig beantwortet wurden, kommt man auf die Seite mit der Permit, die sich dann endlich ausdrucken lässt.

Das Permit für den PCT ist da!

16. Januar 2019

Endlich ist es soweit: Mein Permit ist da, und ich wollte es sofort ausdrucken. Doch vorher muss man sich zwei kurze Videos anschauen über die Sicherheit auf dem PCT. Es gibt auch sonst eine ganze Menge an Hinweisen und Vorschriften, die man als Thru Hiker beachten muss. Man darf sich nicht zu weit vom Trail entfernen, nur zum Zweck des Lebensmitteleinkaufes oder anderer Erledigungen. Für manche Nationalparks braucht man noch ein Extra-Permit, und einen konkreten Abschnitt muss man in 30 Tagen durchquert haben.

Flugbuchung

Gestern war es endlich soweit: Ich hatte einen Termin beim Reisebüro, um meinen Flug zu buchen. Zuerst überlegten wir, ob ich lieber ein One-Way-Ticket nehme. Doch wir hatten Zweifel, ob das bei der Einreise so gut ist. Außerdem kostet one way mehr als hin und zurück, warum auch immer. Wir sprachen alle Möglichkeiten durch, und ich entschied mich für die Hinreise nach San Diego und zurück von Seattle. Und zwar ein umbuchbares Ticket. Das Reisebüro bot an, alles für mich per E-Mail zu erledigen. Ich muss mich nicht darum kümmern. Sehr praktisch. Und für alle medizinischen Fälle habe ich eine Auslandsversicherung abgeschlossen. Stück für Stück komme ich der Anreise näher. Am Wochenende will ich das Hotel in San Diego buchen, und dann …

Noch fehlen ein paar Ausrüstungsgegenstände, und ich bin unschlüssig, wie ich meine Sachen flugtauglich verpacke. Aber das hat noch Zeit. Mit der Organisation der Wohnungsauflösung bin ich auch schon fertig, und es sind noch mehr als zwei Monate bis zur Abreise. Also genügend Zeit.

01. Februar 2019

Ich fühle mich wie ein Kind vor Weihnachten. Es dauert viel zu lange. Wann geht's endlich los? Mein Webcountdown sagt: noch 64 Tage. Eigentlich ist das ja gar nicht mehr lange, aber ich möchte endlich losmarschieren. Einerseits kann ich es fast nicht mehr erwarten, andererseits kommen mir immer wieder Zweifel, ob ich alles bis dahin schaffe. Vor allem die Auflösung der Wohnung. Aber auch die Organisation des Resupply. Eigentlich wollte ich schon vor ein paar Tagen ein Hotel in San Diego raussuchen, aber irgendetwas hält mich davon ab. Meinen Flug habe ich bereits vor einer Woche gebucht. Abflug am 2. April von Innsbruck nach Frankfurt, dann Denver und dann San Diego. Meine Arzttermine und Untersuchungen habe ich auch schon hinter mich gebracht. Es fehlt nur noch der Zahnarzt. Außerdem habe ich die Ausrüstung noch nicht vollständig zusammen. Vor allem fehlen mir noch eine gute Kamera, aber auch ein paar Bekleidungsstücke. Das mache ich dann im Februar. Es wird schon noch alles rechtzeitig fertig werden. Es dauert einfach viel zu lange. Ich kann es kaum erwarten, bis es losgeht. Ich möchte endlich starten und nur wandern, wandern, wandern.

26. Februar 2019

Noch fünf Wochen. Ich sitze im Flieger nach Frankfurt und weiter nach Singapur. Am Samstag ist die Hochzeit meines Sohnes in Thailand. Es wird bestimmt ein fröhliches, buntes Wochenende. Und doch beschäftigt mich manch anderes. Was mache ich nach dem PCT?

Ich möchte keine Wohnung suchen. Ich will frei und ungebunden sein. Trotzdem stimmt es mich traurig, jeden Tag aufs Neue, mich von meinem Hund Luna verabschieden zu müssen und sie sicher nicht so bald wieder zu mir holen zu können. Eigentlich habe ich gesagt, dass ich auf dem PCT rausfinden will, was ich danach machen möchte, aber die Ungewissheit mag ich nicht. Und so habe ich mich über andere Trails informiert, und da gibt es unzählige! Die kann ich ja anschließend machen.

12. März 2019

Post Trail Depression
Genauso wie es nach traumatischen Erlebnissen eine posttraumatische Belastungsstörung geben kann, kann es nach einem Thruhike zu einer Depression kommen. Man war fünf oder sogar sechs Monate in der Natur unterwegs, fernab von Zeitung und Fernsehen. Es gab weder familiäre noch berufliche Verpflichtungen. Jeder Tag war anders, aufregend und neu. Wie soll man sich da zurück in den Alltag je wieder zurechtfinden? Ich habe von Hikern gehört, die auch zu Hause auf der Isomatte neben ihrem Bett geschlafen haben. Andere haben sich ihr Zelt im Garten aufgebaut. Die Reizüberflutung durch Radio, Fernsehen, Werbung, Zeitungen, Musik, viele Menschen, Lärm, Lichter, all das kann schon ganz schön viel sein. Man möchte sich am liebsten verkriechen. Es ist auch absolut ungewohnt, sich nur noch wenig zu bewegen, statt stundenlang zu wandern. Viele Rückkehrer nehmen sehr schnell an Gewicht zu und fühlen sich dadurch noch unwohler. Natürlich ereilt nicht jeden Thruhiker nach der Rückkehr so eine Post-Trail-Depression, aber doch so manche. Wie bereitet man sich auf die Rückkehr vor? Als Tipp habe ich gelesen: *„Manchen Sie schon vor dem Start Pläne für danach, damit Sie nicht in ein schwarzes Loch fallen. Zu Hause bleiben Sie in Kontakt mit anderen, die Sie am Trail kennengelernt haben, und schauen Sie sich Ihre unzähligen Fotos und Videos an."* Und bevor man wieder in der Alltagsroutine versinkt, plant man am besten das nächste Abenteuer.

13. März 2019

Wie gefährlich ist der Pacific Crest Trail?
Wenn man auf der Seite der Pacific Crest Trail Association liest: *„You may be hurt! You may die!"*, klingt das sehr beunruhigend.
  Doch worin bestehen die Gefahren?
  Da ist erst mal der Wassermangel in der Wüste. Das sind immerhin die ersten 700 Meilen. Danach kommt die Sierra Neva-

da. Da gibt es den Schnee und allerhand damit verbundene Gefahren. Dazu kommen unzählige Flussüberquerungen. Nach dem Hochgebirge kommt wieder ein Wüstenabschnitt, der zur heißesten Gegend von Kalifornien zählt. Die weiteren Trail-Abschnitte sind nicht ganz so extrem. Man sollte nur nicht zu spät im Herbst in Washington ankommen, da man sonst vom Schneefall überrascht wird. Gefährlich können auch die Waldbrände sein, die es sowohl in Kalifornien als auch in Oregon gibt. Zu den natürlichen Gefahren wie Hitze und Kälte kommen noch allerlei Tiere dazu: In der Wüste gibt es Skorpione, auch in winzigen Größen, und natürlich Klapperschlangen. Man sollte also nicht mit Kopfhörern unterwegs sein, damit man das Klappern nicht überhört. Normalerweise beißen die Schlangen nur, wenn sie überrascht oder bedroht werden. Ein guter Tipp ist es, bevor man sich hinsetzt oder sein Zelt aufschlägt, den Boden erst genauer anzusehen. Andere, kleiner Tiere wie Mäuse und Eichhörnchen, können lästig sein und z. B. sich an die Lebensmittel ranmachen.

Ganz anders ist es mit größeren Säugetieren wie Berglöwen und Bären. Berglöwen sind sehr selten, kommen aber doch vor. Und die Bären, ach, die Bären. Es gibt Wegabschnitte, da besteht die Vorschrift, seine Lebensmittel und alles, was riecht, wie Toilettenartikel, in einem Bärenkanister zu verstauen und diesen in einer gewissen Entfernung des Zeltes zu deponieren. Auf den Campingplätzen gibt es Bärenboxen, das sind verschließbare Holzkisten. Gut zu wissen ist es, welche Bären es wo gibt. Die gute Nachricht: Grizzlybären gibt es am Pacific Crest Trail nicht. Nur Schwarzbären. Die Verhaltensvorschriften sind je nach Bärenart unterschiedlich. Schwarzbären können klettern und schnell laufen. Sie sind jedoch nur angriffslustig, wenn sie ein Jungtier bei sich haben oder wenn sie erschrecken. Man sollte sich also immer bemerkbar machen bzw. nicht allein unterwegs sein. Ansonsten sollte man sich ganz groß machen und die Arme ausbreiten und versuchen, den Bären zu verscheuchen. Die Aussage, wenn das nicht hilft, *„you have to fight back!"*, klingt nicht sehr beruhigend.

Neben den Tieren gibt es auch einige giftige Pflanzen, deren Berührung auch manche Hiker ins Krankenhaus gebracht hat. Zum einen ist das Poisson Oak, eine Pflanze, deren Blätter unserer bekannten Eiche ähneln, und dann ist da noch der Poodle-dog-bush. Ein Busch mit lila Blüten, die rund um einen Ast aufgereiht sind. Bei beiden ist der Hautkontakt unbedingt zu vermeiden.

Natürlich ist auch immer eine gewisse Vorsicht geboten beim „Umgang" mit Menschen. Da man oft in eine Stadt trampen muss, wenn man Lebensmittel besorgen will, sollte man auch da seinen gesunden Menschenverstand und sein Bauchgefühl einschalten. Es soll schon vorgekommen sein, dass ein Wanderer seinen Rucksack hinten auf den Truck geworfen hat, und bevor er einsteigen konnte, ist das Auto davongebraust.

Wenn man sich all diese Gefahren bewusst macht, kann in einem schon ein mulmiges Gefühl hochkommen. Doch vor Angst gestorben ist auch gestorben. Also nur Mut!

Happy Trails!
Trail Magic und Trail Angels

Was versteht man darunter? Für viele Hiker klingen diese beiden Begriffe wie goldene Töne in den Ohren. Wenn man sich mit Rucksack Meile für Meile abmüht, kommt man sich fast wie im Himmel vor, wenn plötzlich Trail Magic auftaucht. Das sind die unvorhersehbaren Überraschungen, die freundliche Menschen den Wanderern bereiten. Das können Kühlboxen sein, in denen sich Snacks und kalte Getränke befinden. Das können aber auch einfach nur Wasserflaschen sein in Gegenden, wo es kaum Wasser gibt. Manche Wanderer haben auch von Solarpanelen erzählt, an denen man sein Smartphone aufladen kann. Praktisch und sehr nett ist es auch, wenn jemand einfach den Abfall der Hiker mitnimmt. Trail Magic kann aber auch ein Barbecue sein, dessen Duft nach Gegrilltem man schon von Weitem in der Luft riechen kann. Trail Angels sind alle jene guten Geister, die die Thru Hiker unterstützen. Oft handelt es sich dabei um Personen, die in früheren Jahren selbst den Trail gewandert sind. Sie wollen die Wanderer unterstützen. Ihre Dienste sind sehr vielseitig. Da gibt es welche, die mit ihren Autos Tarnsport anbieten, sei es am südlichen Start oder auch auf der Strecke zur jeweiligen Stadt. Andere lassen die Wanderer auf ihren Grundstücken übernachten. Es gibt manchmal sogar Duschmöglichkeiten und auch Waschmaschinen. Viele Trail Angels wollen für ihre Dienste kein Geld.

Ja, es sind wahre Engel, die Trail Angels.

Letzte Vorbereitungen

Mein Hund muss in eine Stadt gebracht werden, die sechshundert Kilometer entfernt ist. Niemand hat gesagt, dass Abschied nehmen einfach ist.

Gestern bin ich mit meinem Hund acht Stunden Zug gefahren, um ihn für die Zeit meiner Wanderung unterzubringen. Und heute fahre ich bereits wieder zurück. Ich musste ganz schnell in den Zug einsteigen, um meine Tränen zu verbergen. Den PCT mit Hund zu wandern, geht nicht. Einerseits wegen der Wildtiere, andererseits wegen des Transports von Wasser und Futter. Und nicht zuletzt auch, weil Hunde nicht in allen Nationalparks erlaubt sind. Nur noch zwei Wochen, dann geht's endlich los!

Dann ist es auch vorbei mit der Traurigkeit.

Meine Sachen müssen bis 31. März in einer Lagerbox untergebracht werden.

Eine neue Post-Adresse muss angemeldet werden. Dann eine Postvollmacht erteilt werden und nicht zuletzt ein Nachsendeantrag gestellt werden. Leider war der Mann am Schalter mit dem PC überfordert und stellte den Nachsendeantrag nur für drei Monate aus. Es gelang ihm nicht, den Antrag auf sechs Monate zu verlängern. Er sagte aber freundlich, dass ich ja dann im Juni an jedem Postamt den Nachsendeantrag verlängern kann. Doch wenn ich dann am PCT unterwegs bin, geht das nicht. Man kann das auch online machen in der Post App. Dazu richtet man sich einen Account ein. So gut, so schön. Dann muss man einen Identifikationsprozess durchlaufen: Ausweis bereithalten. Dann taucht eine Frau am Display auf. Sie stellt Fragen und möchte das Gesicht mit dem Pass vergleichen. Sie wollte, dass ich die Kamera des Smartphones wechsle. Es hat nicht geklappt, und die nette Dame war verschwunden. Also nochmals in den Account einloggen. Funktionierte nicht. Neues Passwort anfordern. E-Mail aufmachen, neu einloggen. Zweiter Versuch. Wieder erscheint dieselbe Dame. Wieder die Aufforderung, die Kamera umzuschalten. Ich sagte, es würde nicht funktionieren. Sie antwortete, ich könnte mir auch eine Identifikations-App runterladen. Irgendwie hatte ich genug von der umständlichen Prozedur und beendete das Gespräch.

Nun begann ich, meine Adresse im Internet Banking zu ändern. Bei der einen funktionierte es problemlos, bei der anderen erschien ein Infofenster, dass Adressänderung nur durch den Betreuer möglich ist. Dann wollte ich meine Bankomatkarte fürs Ausland freischalten. Geht nur für drei Monate. Man könne es ja online verlängern … Wenn man eine Internetverbindung hat und von unterwegs bereit ist sich ins Onlinebanking einzuloggen.

Für meine Sicherheit bekam ich von meinem Sohn ein Tracking-Gerät geschenkt, es funktioniert über Satellit. Das ist wichtig, weil es nicht überall Handyempfang gibt. Dieses Gerät nennt sich Spott. Um es verwenden zu können, muss man es im Internet registrieren und einen Vertrag abschließen. Dazu braucht man die Internetseite, eine Kreditkarte und mehrere Nummern. Diese befinden sich im Inneren des Gerätes, wo man die Batterien einlegen muss. Also machte ich mich an die Registrierung. Bereits bei meiner Adresse stieß ich auf ein unlösbares Problem. Die Postleitzahlen in Deutschland haben fünf Ziffern, in Österreich aber nur vier. Ich versuchte es mit einer Null davor, doch das sind die Postleitzahlen für die sog. neuen Bundesländer. Das Anhängen einer Null ging, aber dafür konnte man dann kein Land eingeben. Das dafür vorgesehene Feld wurde nicht freigeschaltet. Zum Glück konnte man trotzdem auf „weiter" klicken. Ich bezahlte mit Kreditkarte und war registriert. Schön! Das war also geschafft. Nun hieß es, dass man das Gerät an den Laptop anschließen muss. Zuerst die Batterien einlegen, dann per USB-Kabel verbinden. Freundlich wurde mir mitgeteilt, dass mein Gerät ein Software Update besucht. „Dazu laden Sie sich folgendes Programm herunter." Auch das habe ich ganz brav gemacht. Nun ging es darum, E-Mail-Adressen für den Notfall zu hinterlegen. Ok, also versuchen wir es, dann hieß es: Bitte geben Sie die Zahlen ein, die sich im Inneren des Gerätes befinden. Uff! Also die winzigen Schrauben wieder aufdrehen, die Batterien entfernen und die Zahl eingeben. Batterien einlegen, zuschrauben und Gerät wieder mit dem Laptop verbinden. Später habe ich auf dem Tisch einen Zettel entdeckt, auf dem ich in weiser Voraussicht diese Zahl notiert hatte. Der Spott hat mehrere Funktionen. Zum einen gibt es einen Notfallknopf. Mit dem wird ein Signal per Satellit an die nächste Notrufzentrale geschickt mit den geografischen Koordinaten. Somit wird ein Rettungsteam dort hingeschickt. Zum anderen kann man auf einem Hilfeknopf die Adresse von Angehörigen hinterlegen, die in der Nähe sind und zu Hilfe eilen könnten Dann gibt's den OK-Knopf. Der wird auch mit E-Mail-Adressen oder Telefonnummer hinterlegt, und ein Text wird formuliert. Somit kann man den anderen mitteilen. „Es geht mir gut!", und die Koordinaten werden mitgeschickt. So wissen die Angehörigen, wo man sich befindet. Eine weitere Funktion ist vorhanden, mit der man einen anderen Text an weitere Personen verschicken kann. Und nicht zuletzt kann man das Gerät auf Tracking einstellen. In vordefinierten Abständen wird das GPS-Signal aufgezeichnet. Diese Karte kann man per Link mit anderen teilen. Auf diese Weise können sie mitverfolgen, wo man sich fortbewegt. Nachdem ich alles erledigt hatte, bin ich mit meinem Hund auf eine große Wiese gegangen und habe den OK-Knopf ausprobiert. Und meine Kinder haben tatsächlich eine Benachrichtigung erhalten. Schön, dass es funktioniert!

31. März 2019

Nur noch ein Tag bis zum Abflug nach San Diego. Gestern war mein Umzug und die Wohnungsübergabe. Heute habe ich immer wieder den Eindruck, dass mein Körper zu klein ist für die vielen Gefühle, die in mir sind.

01. April 2019

Letzter Tag in Tirol. Zuerst war ich beim Friseur, aus rein praktischen Gründen, meine Haare ganz kurz schneiden zu lassen. Auf den ersten Fotos werde ich wohl mein Käppi auflassen. Das herrliche Frühlingswetter habe ich für eine kleine Wanderung genutzt. Man muss nicht den PCT wandern, um Berge erleben zu können. In Tirol ist das überall möglich. Heute war wolkenloser Himmel, und die weißen Berggipfel erstrahlen in der Sonne. Gestern rief mich mein Sohn aus Sydney an, um mir eine gute Zeit zu wünschen. Ich war gerade beim Spazierengehen. Am Abend telefonierte ich mit meiner Tochter in der Schweiz. Später sprach ich mit meiner Tochter in Wien. Am Tag davor hatte ich auch mit meinem Sohn in Singapur telefoniert.
    Ja, jetzt kann es losgehen!

04. April 2019

San Diego

Es war eine gute Idee, hier in San Diego ein paar Tage zu haben. Gestern ging ich sehr früh ins Bett. Zwar war ich in aller Frühe wieder wach, blieb aber liegen. Um sechs Uhr war ich richtig erholt. Noch drei Tage, bis es losgeht. Gestern war ich bei der Post, um leere Postschachteln zu holen. Dann breitete ich alle Sachen auf den Betten aus (Nur gut, dass ich zwei Kingsize-Betten im Zimmer habe!). Es dauerte sehr lange, bis ich alle Dinge auf fünf Kartons verteilt hatte. Was schicke ich mir wohin voraus?

Heute bringe ich drei Pakete zur Post. Die Bounce Box und das Paket an die Familie eines Freundes werde ich am Samstag abschicken. Auf der Post wurde mir gesagt, dass ich die falschen Adressaufkleber verwendet habe. Also Aufkleber anziehen und alles noch einmal schreiben. Endlich war es geschafft: drei Pakete waren abgeschickt. Dann ging ich in den AT&T Store, um eine amerikanische SIM-Karte zu besorgen. Der Tarif war bald gefunden. Nun ging es darum, alles im Internet auszufüllen. Wir waren fast fertig, als die Verkäuferin feststellte, dass meine Kreditkarte nicht funktionierte. Sie fragte, ob ich eine andere Karte habe. Zwar habe ich eine zweite Karte, aber die Frau konnte die ganze Prozedur nicht mehr rückgängig machen. Wieder fragte sie ihren Chef. Schließlich musste sie eine neue SIM-Karte holen und alles noch einmal machen. Das Problem war nicht meine Kreditkarte, sondern die Postleitzahl meiner österreichischen Adresse. Ich konnte die Adresse von amerikanischen Freunden eintragen, und, wow, es funktionierte! Nun habe ich also ein funktionierendes Internet und Telefon für die USA Am Nachmittag las ich viel über den PCT. Und da waren sie wieder, die Unsicherheit und die Bedenken. Doch ich steckte das Buch weg. Ich will nicht zurückfallen in eine ängstliche Stimmung.

„*I can do it! Es werden wundervolle Wochen werden. Ganz bestimmt!*"

05. April 2019

San Diego

Seit drei Uhr lag ich wach im Bett. Ich konnte einfach nicht mehr schlafen, aber auch nicht meditieren. Um sechs Uhr bin ich aufgestanden. Nun habe ich meinen Rucksack zum ersten Mal gepackt. Er ist prallvoll, und doch ist noch nicht alles drin.

Außerdem fehlt noch das Wasser. Und dieses dicke „Ding" will ich sechs Monate mit mir rumschleppen? Am besten sehe ich in ihm einen guten Freund – einen Begleiter. Vielleicht fällt mir ein Name für ihn ein.

06. April 2019

San Diego

Alles ist fertig. Ich habe die letzten Pakete zur Post gebracht. Meine Arme tun mir weh. Nun habe ich meine Wanderbekleidung an und werde die nächsten Wochen und Monaten so rum- laufen. Sehr praktisch, wenn man nicht überlegen muss, was man anziehen soll. Trotzdem ist mein Rucksack so prallvoll, ohne Wasser und mit nur wenigen Lebensmitteln. Auch daran werde ich mich gewöhnen. Morgen geht es los – endlich los. Auf in ein wundervolles Abenteuer!

8. April 2019

Cibetsflat Campground (Meile 32)

Gestern Abend war es zu spät zum Schreiben. Es war ein anstrengender Tag. Die meisten Hiker teilen die ersten 20 Meilen auf und übernachten irgendwo dazwischen. Ich wollte aber am ersten Abend mein Zelt auf einem Campingplatz aufstellen, falls ich damit nicht zurecht komme, wären ja noch andere Menschen dort. Ein netter Amerikaner begleitete mich. Auch er wollte noch zum Lake Morena. Immer wieder musste er auf mich warten. Die letzten vier Meilen gingen immer bergauf. Das kostete fast meine letzte Kraft. In der Ferne hörte man Kojoten heulen, und die Dämmerung kam. Als wir am Zeltplatz Lake Morena angekommen sind, war die Sonne bereits untergegangen. Bis wir den Platz für die PCT-Hiker gefunden hatten, war es total dunkel. Mein Zelt zum ersten Mal im Freien aufzustellen, und das im Dunkeln, war eine enorme Herausforderung. Ich hatte kein Wasser mehr und konnte auch keines abfüllen. Das Wasser musste wegen Coli-Bakterien abgekocht werden. Daher ging ich mit Matthew, dem freundlichen Wanderer aus Kalifornien, noch zum kleinen Laden. Ich hatte zwar einen Kocher, aber noch kein Gas. Danach konnte ich eine heiße Dusche genießen (Dafür braucht man 25-Cent-Münzen, sog Quarters). Ich schlüpfte glücklich in meinen Schlafsack. Doch vorher versuchte ich, die Insekten aus dem Zelt zu scheuchen. Man merke: Bei offener Tür verwendet man besser keine Lampe im Zelt.

Der Start verlief gestern völlig unspektakulär. Als ich das Monument sah, war ich überrascht, wie klein es ist. Ich ließ mich fotografieren und marschierte los. Nichts mit überwältigenden Gefühlen. Gleich nach dem Start in Campo habe ich den Weg nicht gefunden. Da es früh am Sonntagmorgen war, war niemand auf der Straße in dem kleinen Ort zu sehen, den ich hätte fragen können. Ich irrte fast eine Stunde rum, bis ich irgendwo wieder auf den Trail stieß. Das fängt ja schon gut an! Der Weg gefiel mir sehr gut, und trotz schwerem Rucksack kam ich gut voran. Dann konnte ich endlich die Landschaft genießen.

Der heutige Tag begann mit einem Frühstück im kleinen Laden in Lake Morena. Ich bin recht spät aufgestanden. Ich konnte kaum frühstücken. Bereits beim ersten Bissen war mir schlecht. Ich redete mir selbst zu wie eine Mutter ihrem kleinen Kind. Mit drei Tassen Kaffee hatte ich endlich alles runtergegessen. In der Hitze des Tages wanderte ich heute. Mein Rucksack ist viel zu schwer. Mal sehen, wie ich ihn leichter bekomme. Nach jeder Pause, wenn ich ihn wieder aufnehme, kommt er mir schwerer vor, so, als ob jemand heimlich Steine reingetan hätte. Tja, und morgen muss ich die Blasen an meinen Füßen versorgen.

Für heute: Gute Nacht!

Ach ja, heute habe ich eine Eidechse mit einem leuchtend blauen Schwanz gesehen.

08.04.2019

Jetzt beginnt ein neuer Tag. Noch ist es sehr kalt, und im Schlafsack ist es so gemütlich warm, aber das hilft nichts. Auf geht's! Zusammenpacken und los! Ich bin auf einem offiziellen Campingplatz gelandet. Jemand hat mich zu einer bestimmten Stelle für PCT-Hiker geschickt, aber die anderen sind nicht gekommen. Eine ganze Weile bin ich rumspaziert auf der Suche nach einem geeigneten Platz für mein Zelt. Schließlich habe ich mein Zelt hier ganz einsam aufgestellt. Vielleicht suche ich mir noch ein Klo und gehe schlafen. Der Bach rauscht, und es ist sehr windig.

09. April 2019

Mount Laguna, Meile 42

Ich bin so voller Dankbarkeit! Als ich dort ankam, fragte ich, ob ich eine Cabin, kleine Hütte, bekommen könnte. Ich wollte dort nicht zelten, weil es total windig war. Ich musste warten. Zuerst ging's in ein kleines Café zum Essen. Es war angefüllt mit Hikern. Ich hatte Pancakes und viel Kaffee. Die Wartezeit auf die Cabin verbrachte ich draußen. Ich legte mich auf meine Isomatte und schlief kurz ein. Endlich bekam ich eine Cabin, den Schlüssel, einen Eimer und Waschpulver. Ich wusch meine Wäsche und machte es mir gemütlich. Draußen blies ein kalter Wind, und ich konnte meine kleine Hütte sogar heizen.

    Das war gestern. Der heutige Tag war nicht so lang. Die Nacht war total windig, und ich wachte sehr oft auf. Doch der Sternenhimmel entschädigte für alles. Ich campte ganz alleine. Nach einem Kakao und einem Cookie startete ich bei Morgengrauen. Der Trail war so wundervoll und abwechslungsreich. Dafür bin ich hierhergekommen. Plötzlich dachte ich: „*I am the trail!*"

    Dann dachte ich an Jesus, der sagte: Ich bin der Weg. Ja, er zeigte uns den Weg und ging den Weg zu Gott. Möge mich der Trail auch näher zu Gott führen.

10. April 2019, Meile 62

Es ist Abend, die Sonne ist untergegangen, und ich bin froh, im Zelt zu sein. Meine Füße haben arg gelitten, und die Socken sind voller Blut. Über Nacht lasse ich die Füße lüften, und morgen früh sehen wir weiter. Es war ein guter Tag. Ich habe Müsli mit Joghurt gefrühstückt, und dazu gab es Kaffee. Ich bin dann sehr früh aufgebrochen. Zuerst habe ich auf dem riesigen Zeltplatzgelände die Abzweigung verpasst und bin 30 Minuten auf der Straße gelaufen. Als ich endlich Handyempfang hatte, konnte ich mit Google Maps den Weg zum Trail finden. Meine APP für den PCT funktioniert nur teilweise, denn sie zeigt mir meinen aktuellen Standort nicht an.

Ich fragte einen deutschen Hiker, der dieselbe APP verwendet, wie man auf der Karte in der APP den eigenen Standort sehen kann. Er konnte an meinem Handy den Zugriff auf meinen Standort für diese APP freischalten. Das war sehr hilfreich. Auf einem Picknickplatz mit herrlicher Aussicht machten wir eine sehr lange Frühstückspause. Es gab dort auch Plumpsklos und einen Wasserhahn, wo wir unsere Flaschen auffüllen konnten. Schließlich marschierte jeder im eigenen Tempo weiter. Die Landschaft ist atemberaubend schön! Wohin man schaut, reiht sich eine Bergkette an die nächste. Die letzten Meilen zogen sich in die Länge. Etliche Wanderer bauten ihre Zelte abseits des Weges auf. Ein Mann suchte verzweifelt nach Wasser. Ich erreichte einen Zeltplatz, auf dem bereits ein paar andere Hiker ihre Zelte aufgeschlagen hatten. Es war an einem kleinen Bach. Gut, dass wir diesen Platz gefunden hatten. Als die Sonne hinter den Bergen verschwunden war, wurde es sehr schnell kühl, und ich kroch in mein Zelt. Gute Nacht!

11. April 2019, Meile 77

Julian

Ich habe sehr gut geschlafen. Der Platz war idyllisch, doch ich war zu erschöpft, um es genießen zu können. Bereits vor Sonnenaufgang stand ich auf und hatte nur noch ein Cookie und kaltes Wasser zum Frühstück. Ich machte mich vor den anderen auf den Weg und war flott unterwegs. Irgendwo verpasste ich wieder mal eine Abzweigung und konnte den Wassertank einfach nicht finden. Schließlich lief ich einen anderen Trail entlang, der in eine sog. dirt road überging. Ich hatte absolut keine Lust, den Weg wieder hinauf zurückzugehen. Ich fand den Weg auf der Karte und sah, dass er runter zum Highway führt in eine kleine Ortschaft. Der Highway führte nach Julian, wo ich sowieso hin wollte. Das Café und der kleine Laden waren geschlossen. Ich machte mir kalten Kaffee-Kakao und beschloss zu trampen. Auf dem Highway zu laufen war mir zu lange und zu gefährlich. Ich versuchte also zu trampen. Doch wenn ein Mann alleine im Auto war, ließ ich meinen Daumen unten. Es dauerte eine ganze Weile, bis ein älteres Ehepaar anhielt. Ich fragte nach ihren Namen. Es waren Karsten und Diane, die mich zur Lodge in Julian brachten. Da es sehr früh war, wartete ich recht lange auf ein Zimmer. Zum Glück gab es Kaffee. Nun geht es mir gut, und ich werde mir das kleine Dorf anschauen.

12. April 2019

Julian

Die Nacht war unterbrochen durch häufiges Aufwachen, trotzdem habe ich mich erholt. Von einem älteren Hiker namens Gerry bekam ich ein paar Schmerztabletten, weil mir meine Füße so arg wehtaten. Nach dem Frühstück kühlte ich meine Füße nochmals mit kalten nassen Socken und schlief prompt noch mal ein. Danach musste ich in ein anderes Zimmer wechseln. Anschließend spazierte ich wieder durchs kleine Dorf und traf viele andere Hiker. Für morgen habe ich einen Transport zurück zum Trail. Mathew, mit dem ich am ersten Tag zum Lake Morena gewandert bin, wird mich fahren. Er kommt von Julian. Gestern bekam ich von seiner Mutter einen sehr guten Apple Pie mit Vanilleeis und Kaffee. Im Dorf kam ich ins Gespräch mit einem Hiker namens Tony. Er war früher ein Special Agent bei der Armee und arbeitete danach bei der Railway Patrol. Er schenkte mir eine Flasche Limonade. Wir saßen am Straßenrand in der Sonne bei Musik von einer Baustelle. Am Nachmittag ging ich ins berühmte Café Mom's Pie, wo man mit seiner PCT Permit Apfelkuchen mit Eis und ein Getränk bekommt. Später spazierte ich zur ehemaligen Goldmine, und um 17 Uhr ging ich in der kleinen Dorfkirche zur Messe. Es war ein erholsamer Tag. Meinen Füßen geht es zwar noch immer nicht gut, aber schon etwas besser. Morgen geht's zurück zum Trail.

13. April 2019

Julian

Zwar habe ich nicht besonders gut geschlafen, aber ich war trotzdem erholt.
Es war ausgemacht, dass Mathew mich um 8:15 Uhr abholen kommt. Aber er kam erst 30 Minuten später. Er hatte an einem anderen Hotel gewartet. Auf dem Weg zu Scissors Crossing, wo der PCT wieder beginnt, nahmen wir einen anderen Hiker mit, der am Straßenrand stand. Wir fuhren zu einer Water Cache unter einer Brücke, wo bereits drei junge Frauen sich für den Trail fertig machten. Sie hatten hier übernachtet. Wir machten uns auf den Weg, aber schließlich lief doch jeder in seinem eigenen Tempo weiter. Ich habe beschlossen, meine Füße alle zwei Stunden zu lüften, was mir sehr gut getan hat. Bei meiner zweiten Pause bekam ich Zehensocken von einer Frau aus Seattle geschenkt. Die sind so was von angenehm. Diese Socken werden nicht nach Europa geschickt, ansonsten hätte ich mir schon vorher welche besorgt. Ich marschierte weiter bis zum Gate Nr. 3 und dem großen Schild: Water. Zuerst baute ich mein Zelt auf, bevor ich runter zum Wasserholen ging. Die Wasser Cage besteht aus unzähligen Wasserkanistern, die von Freiwilligen hier-

her transportiert werden. Ich aß kalten Kartoffelbrei und freute mich auf die Nacht zum Ausruhen.

14. April 2019, Meile 109

Warner Springs

Ich bin bereits in der Morgendämmerung losmarschiert. Da ich inzwischen besser organisiert bin, gelingt es mir, die anderen nicht aufzuwecken mit den Geräuschen des Zusammenpackens. Ich lief los, als die Hiker und Schlangen noch schliefen. Sogar die Blümchen hatten ihre Köpfchen noch geschlossen. Es war angenehm kühl und total friedlich. Die Landschaften wechselten sich ständig ab, und ich kam gut voran. Die 100-Meilen-Markierung hätte ich beinahe übersehen. Doch dort standen etliche Hiker und machten Fotos. Ich ließ mich auch fotografieren. Wenn man so vor sich hin spaziert, gehen auch die Gedanken spazieren. Mir fiel ein, was ich alles von San Diego weitergeschickt habe, damit ich es beim Heimflug wieder abholen kann. Der Gedanke an ein Nachthemd kam mir total absurd vor: *„Wozu braucht man so etwas eigentlich? Ein Nachthemd, das ergibt doch überhaupt keinen Sinn."* An der nächsten Wasserstelle sammelten sich die Hiker. Ich wusch mir zuerst die Hände und das Gesicht, bevor ich zu essen begann. Es ist erstaunlich, wie schmutzig die anderen sind. Nicht einmal die Hände haben sie sich gewaschen. Natürlich wird man dreckig, aber wenn man will, kann man sich auch immer wieder sauber machen. Nach dieser Kaffeepause wanderte ich weiter bis zum Eagle Rock, einem großen Felsbrocken, der aussieht wie ein Adler mit ausgebreiteten Flügeln. Nach einer Essenspause ging ich weiter bis Warner Springs. Zwischendurch schluckte ich eine Schmerztablette Ibuprofen, weil mir meine Füße extrem wehtaten. Auf dem Zeltplatz wusch ich meine Wäsche in einem Eimer, und auch für die Dusche verwendeten wir den Eimer und einen Schöpfbecher. Meine Füße sind voller Blasen, und die Blasen an den Fußballen sind offen. Sobald die Sonne untergegangen war, wurde es empfindlich kalt. Es tut gut, jetzt im Schlafsack zu sein.

16. April 2019, Meile 127

Mike's Place

Gestern habe ich nichts mehr geschrieben. Ich hatte einen hübschen Platz mit Aussicht auf die umliegenden Berge gefunden und wollte dort bleiben. Weiter unten war ein kleiner Bach. Ich hatte genug zu essen und mein Zelt. Meine Füße sahen schrecklich aus. Überall Blasen, und die Fußballen waren ganz offen. Ich lag im Schlafsack voller Selbstmitleid und dachte, dass ich nicht mehr weitergehen kann. Aber Selbstmitleid hilft absolut nicht weiter, wenn man drei Tage vom nächsten Ort entfernt ist. Eigentlich wollte ich dort bleiben und ließ alle anderen ihre Zelte abbauen und losgehen. Ich wollte einfach dort bleiben. Aber es war neblig und kalt, richtig ungemütlich. Eine ältere Frau, die nur eine Tageswanderung machte, schenkte mir Verbandsmaterial, und eine Hikerin namens Foxtail verband mir meine Füße. Bis ich alles zusammengepackt hatte, nochmals Wasserholen war und ein zweites Müsli gegessen hatte, war es bereits 11:30 Uhr. Für die 8 Meilen brauchte ich drei Stunden. Es war neblig, und man konnte nicht sehr weit sehen. Eine ganze Weile führte der Weg vorbei an riesigen Steinen. Plötzlich kam mir der Gedanke, dass das ein guter Platz wäre, um Ostereier zu verstecken. Obwohl ich von der Landschaft nichts gesehen habe, fand ich diese Wanderung echt schön. Ich mag solche mystischen Stimmungen.

Angekommen an Mike's Place, wäre ich am liebsten wieder umgekehrt. Es ist ein absolut hässlicher Ort, ein Schrottplatz. Im Haus und davor gammelten unzählige Hiker. Da für die Nacht ein Sturm angesagt war, suchte ich mir schnell einen Platz, um mein Zelt aufzubauen. Etliche Hiker rollten ihre Isomatte und Schlafsäcke im Wintergarten aus. Zu den Bewohnern des Hauses gehört ein Mann, der sich „*weird*" (seltsam) nennt. Ungepflegt und schmutzig sah er aus, und er hatte sich einen langen Schwanz umgebunden. Ich fühlte mich absolut unwohl in dieser Atmosphäre. Doch im Haus ist es warm, es gab Kaffee, verbrannte Bratkartoffeln und jede Menge Menschen. Vor dem Einschlafen fragte ich mich, wie man die Zelte so dicht nebeneinander aufstellen kann. Wirklich nur eine Armlänge voneinander entfernt. Es ist wie eine Traube, eine Art Schwarm. Wir fühlen uns gemeinsam zusammen wohl, in aller Verschiedenheit. Wir sind alle schmutzig, haben wunde Füße und sind auf demselben Weg unterwegs. Das verbindet.

17. April 2019, Meile 144

Heute habe ich 18 Meilen geschafft. Aber am Schluss nur noch mit Ach und Krach. Gestartet war ich um 7:15 Uhr, angekommen bin ich 10 Stunden später. Am Vormittag war der Trail wunderschön. Zu Mittag habe ich plötzlich ein Lied gesungen: *„Hoch auf dem gelben Waagen,"* Aber eigentlich wollte ich jetzt etwas anderes schreiben. Es war mir vorher bekannt, dass es im Laufe des PCT immer wieder Situationen geben wird, durch die man einfach durch muss. Z. B. wenn die Füße wund sind und es bis zur nächsten Stadt eine Wanderung von drei Tagen ist. Wenn man nachts wach im Zelt liegt, weil der Reißverschluss verklemmt ist und man sich vorstellt, dass er nie wieder funktionieren wird. Und so das Zelt keinen Schutz vor Wind bietet. Gerade habe ich meine Füße mit Antibiotika-Salbe eingeschmiert und mit Verband versorgt. Das fand ich hier in einem Verbandskasten im Plumpsklo. Ich habe ein paar Dollars reingelegt. Vorher habe ich mich mit kaltem Wasser geduscht und die Wunden gesäubert. Zu erwähnen ist, dass ich heute überrascht war über das Verhalten der Hiker. Als ich am Nachmittag ankam, fand ich keinen waagerechten Platz für mein Zelt. Zwar standen noch nicht überall Zelte, aber die Plätze waren eindeutig markiert durch Trekkingstöcke, die gekreuzt am Boden lagen. Das erinnerte mich an viele Bilder von Liegestühlen, die in der Früh mit Handtüchern belegt werden, um sie zu reservieren. Aha, so was gibt's also auch auf dem PCT. Ich dachte, es wäre mehr Verbundenheit und Gemeinsamkeit vorhanden und nicht das Ellbogen-Verhalten. Jetzt mache ich mich bettfertig in meinem schrägen Zelt. Außer den wunden Füßen habe ich offene Wunden an den Fingern und der Lippe. Da pocht der Schmerz richtig. Und alles heilt einfach nicht.

18. April 2019, Meile 152

Paradies Café

In meinem Zelt rutschte ich immer wieder bergab. Zum Einschlafen hörte ich Countrymusik. Die Nacht war sternenklar mit Vollmond. In der Ferne konnte man die Lichter einer Stadt sehen. Ich hatte gut geschlafen. Alle Hiker liefen an mir vorbei und wollten nur ganz schnell zu ihren Hamburgern im Paradies Café kommen. Der Weg dorthin war eigentlich ein Katzensprung, aber er ging nur bergauf, und am Schluss ging es auf dem Highway entlang. Auf meinem Weg entdeckte ich einen Busch mit lauter gelben Blüten und dann viele lila Blumen. Vieles ging mir durch den Kopf, und plötzlich begann ich zu singen: „*Wuchsen einst fünf weiße Birken …*" Als mich alle Hiker überholten, dachte ich plötzlich: „*Ich bin über 60! Ich muss nicht so rennen wie die Jungen.*" Als ich im Paradies Café ankam, waren bereits fast alle Tische von Hikern besetzt, aber ich fand noch einen Platz. Ich freute mich über den Kaffee und bestellte einen vegetarischen Burger. aber ich konnte nicht alles essen. An der Theke fragte ich nach einer Transportmöglichkeit runter nach Idyllwild. Ein Mann nahm Hiker mit für fünf Dollar pro Person. Eine deutsche Frau wollte auch nach Idyllwild, aber sie erfragte es nicht und war sauer, als sie im ersten Auto keinen Platz fand. Wie jeden Abend fällt es mir schwer, mich an alle Gedanken zu erinnern, die ich während der Wanderung hatte. Die Landschaft war wunderbar. Der Trail ist wie eine Achterbahn: rauf, runter, rechts, links. Vor jeder Kurve, besonders wenn es nach oben geht, kann ich es gar nicht erwarten zu sehen, was es dort zu sehen gibt. Die Hiker sind ein recht bunter Haufen. Teilweise sehr sozial, dann wieder auch nicht. Ich weiß schon, warum ich so früh aufgebrochen bin. Auf dem privaten Zeltplatz eines Trail Angels mit Namen Wendy gibt es nur wenige flache Plätze.

In Idyllwild stand ich ratlos vor der Post. Ein Mann sprach mich an. Er stellte sich vor und sagte, dass er ein Trail Angel ist. Mit dem Auto fuhr er mehrere Hotels und Lodges ab. Bei der dritten Lodge bekam ich eine kleine Hütte für eine Nacht. Cottage in the Woods. Dann schaute ich mir meine Füße an und stellte fest, dass ich zum Arzt muss. Die Leute von der Lodge fuhren mich hin, holten mich ab und fuhren mit mir zur Apotheke. Die Ärztin war geschockt über meine Füße und sagte, dass es mindestens eine Woche dauern würde, bis die Wunden einigermaßen verheilt sind. Auch meinte sie, dass es wiederkommen wird, nicht wegen der Schuhe, sondern der Anomalie meiner Füße. Ich hätte vor dem PCT zu einem Fußdoktor gehen sollen. Das hilft mir auch nicht weiter. Ich solle mir Ballenpolster besorgen und Epson-Salz für Fußbäder, mehrmals täglich. In der kleinen Hütte fühlte ich mich sehr wohl. Ich habe noch meine Wäsche gewaschen und draußen aufgehängt. Gerne wäre ich mehrere Tage in der kleinen Hütte geblieben.

21. April 2019, Meile 179

Idyllwild

Gestern war ich im Dorf unterwegs, wo ich unzählige Hiker traf. Mit einem pensionierten ehemaligen Polizisten unterhielt ich mich eine ganze Weile. Um 15 Uhr war ich in einer kleinen katholischen Kirche zum Karfreitagsgottesdienst. Die Liturgie rührte mich zu Tränen. Den Abend verbrachte ich gemütlich beim Fernsehen mit Fußbad. Heute bin ich wieder unterwegs und habe versucht, meinen Transport von hier weg zu organisieren.

22. April 2019, Meile 266

Big Bear Lake

Inzwischen bin ich in Big Bear Lake. Ich konnte mit einem kostenlosen Shuttle bis Palm Dessert mitfahren. Da der Bus erst am späten Nachmittag fuhr und ich nicht stundenlang warten wollte, habe ich mir ein Uber-Taxi bestellt, dem ersten Fahrer war es zu weit. Eine Fahrerin brachte mich den weiten Weg hierher. Gestern, am Ostersonntag, war ich im katholischen Gottesdienst. Der Pfarrer predigte sehr lange. Die Kirche war fröhlich dekoriert mit Blumen, sogar an den Wänden. Im Altarraum plätscherte ein Zimmerbrunnen. Nach dem Gottesdienst durften die Kinder im Pfarrgarten Ostereier suchen und eine Pinata, eine Kugel aus Pappe, zerschlagen, bis die Süßigkeiten herausfielen. Heute früh habe ich zum ersten Mal ein paar Kojoten gesehen. Sie haben ein Eichhörnchen gejagt und sahen aus wie struppige Schäferhunde. Der Besitzer der Holzhütten hat mir dann gesagt, dass es keine Hunde, sondern Kojoten waren. In Big Bear Lake entdeckte ich ein Plakat: Spartan Race. An so einem Lauf hatte mein Sohn bereits in Österreich mehrmals teilgenommen.

Spartan Race versus Pacific Crest Trail

Doch was ist ein Spartan Race? (http://www.spartan.com.)
Das ist ein extremer Hindernislauf. Man klettert über Bretterwände, Stangen und Seile rauf, über Gitter in großer Höhe, rutscht durch Matsch unter Stacheldraht, schleppt Sandsäcke den Berg rauf etc.
Der Pacific Crest Trail ist ein sehr gut gepflegter Weitwanderweg, aber nach dem Winter und/oder Unwetter ist natürlich nicht alles in Ordnung gebracht. Als ich von Big Bear Lake den Berg hinaufstieg, wusste ich noch nicht, was mich erwartet. Durch den Schneefall gab es viele umgestürzte Bäume. Da musste ich drüber, mit schwerem Rucksack am Rücken. Manchmal

ging es besser oben vorbei, aber nicht immer. Ein umgestürzter Baum am Abgrund ist eine ganz besondere Herausforderung! Dann gibt's noch die unzähligen Flussüberquerungen. Manchmal muss man von Stein zu Stein steigen. Ein anderes Mal liegt ein Baumstamm quer. Ich sagte zu mir: *„Du kannst das!"* Also balancierte ich drüber. Als aber beim nächsten Fluss der Stamm zu dünn und wackelig war, half alles nichts, ich musste irgendwie durch. Nicht immer sieht es so aus. Hier konnte man einfach durchwaten. Bei den anderen Überquerungen war ich zu nervös, um zu fotografieren. Da steckte ich das Handy vorsichtshalber in den Rucksack.

Beim Spartan Race kann man Hindernisse auch auslassen. Beim PCT geht das nicht. Irgendwie muss man es schaffen, um den Trail weitergehen zu können. Beim Spartan Race muss man zur Strafe 10 Burpees machen. Beim PCT hilft alles nichts. Das Hindernis muss überquert werden. Doch wenn man am Abend gemütlich im Schlafsack in seinem Zelt liegt, ist man auf sich selbst unheimlich stolz, was man alles bewältigt hat!

23. April 2019

Big Bear Lake

Ich bin im Ort spazieren gegangen. Überall blühende Bäume in Weiß und Rosa. So schön! Nun habe ich erfahren, dass der Trail Angel mich doch nicht zum Trailhead fahren wird. Doch dann fühlte es sich besser an. Mit dem Taxi komme ich ganz selbstständig zum Trail, wann ich will. Das ist doch großartig! Ich bin sehr früh aufgestanden und war enttäuscht, dass es heute in der Lobby keinen Kaffee gab. Ich konnte auch kein Taxi erreichen. Also marschierte ich auf der Straße los. In einem Restaurant, wo ich am Tag zuvor gegessen hatte, fragte ich, ob mir jemand helfen könnte. Ich spekulierte darauf, dass mich die freundliche Besitzerin hinfahren würde. Daraus wurde leider nichts. Mir wurde gesagt, dass man die Taxis erst ab 8 Uhr erreichen kann. Ent-

täuscht zog ich weiter und sagte zu mir: „*That's part of the game!*"
Eine Stunde an der Straße entlang, bevor es überhaupt losgeht, ist doch sehr unlustig. Ich ging also tapfer weiter. Auf einmal sah ich einen Pickup in einer Seitenstraße stehen. Ein grauhaariger Mann lachte mich an und fragte, ob ich eine Mitfahrgelegenheit brauchen würde. Er erklärte, dass er im Restaurant gefrühstückt hatte und mein Gespräch mit angehört hatte. Ich dachte: „*Der sieht nicht zum Fürchten aus!*" und stieg zu ihm ins Auto. Während er mich zum Trailhead fuhr, unterhielten wir uns sehr gut. Er erzählte, dass seine Töchter bereits in Österreich waren und dass seine Frau im Ort die Bürgermeisterin ist. Am Parkplatz rief er seine Frau an, und wir haben uns zu dritt unterhalten. Er heißt Eddie und gab mir den Trail-Namen: Trail-Mama.

Der Weg ging lange bergauf, bis er endlich auf den PCT stieß. Dann ging es relativ eben weiter mit einer herrlichen Aussicht auf den See und die verschneiten Berge. Doch bald war es damit vorbei, und der Trail führte durch den Wald. Es gab noch Schneefelder und sehr viele umgestürzte Bäume, über die man klettern musste, mit dem schweren Rucksack am Rücken. Der Weg führte aus dem Wald heraus, und es wurde heiß. Im nächsten Abschnitt gab es viele verbrannte Bäume. Das sah unheimlich und bedrückend aus. An einem Bach wollte ich Mittagspause machen. Dort saßen bereits zwei Frauen, mit denen ich ins Gespräch kam. Sie waren bereits fertig mit dem Essen und brachen auf. Ich machte gemütlich Rast und ging dann auch weiter. Wegen der sandigen Straße verfehlte ich den Trail. Es dauerte eine ganze Weile, bis ich ihn wiederfand. Es wurde heiß, und ich hatte nur Wasser im Sinn. Auf dem Weg fand ich eine Sandale und hob sie auf. Ich überlegte, wie lange ich sie mit mir rumtragen soll. Doch am Abend erreichte ich den Bach wie die beiden Frauen ihre Zelte bereits aufgeschlagen hatten. Die Sandale gehörte einer von ihnen. Ich baute mein Zelt weiter weg auf und hatte Angst, dass ich den Bären im Weg stand auf ihrem Weg zum Bach.

25. April 2019, Meile 305

Es war ein sehr aufregender Tag. In der Nacht musste ich aufs Klo und hatte Angst, ich könnte auf einen Bären treffen. Auch heute habe ich mein Zelt wieder an einem Bach aufgestellt. Dieses Mal bin ich ganz alleine. Es ist schön hier, und der Bach rauscht sehr laut. Bevor ich ins Zelt gekrochen bin, wollte ich noch schnell auf die Toilette gehen. Doch bevor ich mein Geschäft zwischen großen Steinen verrichten konnte, entdeckte ich eine Schlange, die zwischen den Steinbrocken hervorlugte. Mit ihrer Zunge schien sie zu sagen: *„Das hier ist nicht deine Toilette."* Ihr Gezüngel überzeugte mich, und ich suchte mir einen anderen Platz. Ich dachte mir: *„Was wird das wohl werden, wenn ich nachts raus muss?"* Aber eigentlich schlafen Schlangen, wenn es kalt wird. Dieser Gedanke beruhigte mich. An meinen Füßen sind riesige Blasen. Bereits in der Früh musste ich einen Fluss überqueren, und die Füße waren nass. Später habe ich den Trail nicht gleich gefunden und quälte mich durch Gebüsch mit Dornen, sodass meine Beine total blutig gekratzt wurden. Dann führte der Weg über unzählige umgestürzte Bäume. Es war der reinste Hindernislauf. Und nun sehen meine Füße und Beine einfach schrecklich aus. Durch die Hitze reiben nun auch meine Oberschenkel aneinander.

Immer wieder habe ich Zweifel, ob ich es schaffen kann. Vielleicht sollte ich nicht an den ganzen Trail denken, sondern immer nur in Tagesabschnitten. Doch wenn ich weiterhin nur wenige Meilen am Tag mache, werde ich es wohl nicht bis zur kanadischen Grenze schaffen. Jetzt will ich mich auf das Hotel am Cajon Pass freuen. Da gibt es sogar ein Frühstück! Und morgen geh ich in den Hot Springs baden.

26. April 2019, Meile 320

Obwohl die Nacht unterbrochen war, habe ich mich im Zelt sehr geborgen gefühlt. Keine weitere Schlange. Bis Hot Springs waren es nur 8 Meilen, doch meine Füße waren bereits von Anfang an nass, da ich gleich am Anfang einen Bach überqueren musste. In den Hot Springs habe ich doch lieber nicht gebadet. Es war mir einfach zu viel Aufwand und zu umständlich. Erst Badeanzug suchen, ausziehen, dann wieder anziehen. Also zog ich nur meine Schuhe und Strümpfe aus, verband meine Blasen neu und zog alles wieder an. Hot Springs sind bekannt als FKK-Strand. Als ich meine Schuhe anzog, sprach mich ein junger Mann an. Er war unbekleidet und ganz braun gebrannt. Er fragte, ob ich auch ein PCT-Hiker bin. Für ihn schien es absolut nicht peinlich zu sein, also reagierte ich so, als ob es das Normalste auf der Welt sei, nackt herumzulaufen. Der Trail führte immer weit oberhalb eines Baches entlang. Nach dem Winter war der Weg von Büschen überwuchert. Ich kam an Menschen vorbei, die damit beschäftigt waren, den Trail wieder freizulegen. Ich sagte: *„Thank you for your work!"*, und jemand erwiderte: *„Thank you for hiking!"* Verwundert über diese Antwort, ging ich weiter. Später traf ich wieder fleißige Freiwillige und bedankte mich wieder für ihre Arbeit, und ihre Antwort war dieselbe: *„Thank you for hiking!"* Da es ein sehr heißer Tag war, ging ich von Wasserstelle zu Wasserstelle. Meine Mittagspause wollte ich am Bach machen. Schon seit der Früh rauschte er tief unten in der Schlucht. Endlich ging es bergab, und ich wollte abkürzen. Als ich am Strand war, stellte ich überrascht fest, dass keine Hiker dort waren. Es war der falsche Strand! Trotzdem machte ich meine Füße frisch und aß etwas. Der Weg zurück zum Trail war zum Glück leicht zu finden. Dann gab es wieder einen sehr breiten Bach zu überqueren. Ich zog Schuhe und Strümpfe aus und verstaute mein Handy im Rucksack. Am Ufer stand ein Mann, der mir seine Hilfe anbot. Ich bedanke mich und wollte doch lieber allein durchwaten. Er sagte, dass in einer Meile sein blauer Truck steht. Darin gibt es Wasser, und wir können unseren Müll abladen. Das ist doch wirklich sehr nett! Trotzdem bekam ich nach der Überquerung die totale Krise. Ich wollte nur nach Hause. Irgendwo hatte ich beim häufigen Rucksackabnehmen eine meiner vollen Wasserflaschen verloren. Es war schrecklich heiß, und mein Körper konnte nicht mehr. Vor Erschöpfung bekam ich Durchfall. Das kenne ich von früher. Mein Klopapier ging zu Ende, und schließlich musste ich mich übergeben. Vielleicht war es nicht nur Erschöpfung, sondern auch ein Hitzschlag. Ich ruhte mich im Schatten aus. Am Nachmittag kam ich zu einem Bach, wo ich bleiben wollte. Es war sehr windig, und das Zeltaufstellen dauerte eine ganze Weile. Die Zeltplane flog fast davon, und ich musste an Paragleiten denken. Am Bach konnte ich mich waschen und hatte endlich genug Wasser zum Trinken. Etliche Hiker kamen vorbei, aber niemand wollte hier übernachten. Ehrlich gesagt mag ich es sehr gerne, alleine zu sein. Nach einem mühsamen und schrecklichen Tag verkroch ich mich in meinem Zelt.

27. April 2019, Meile 335

Die Nacht war sternenklar, aber merkwürdigerweise waren nur die hellen Sterne zu sehen, keine Milchstraße oder ein Sternenmeer, wie ich es von den Bergen kenne. Obwohl ich bereits um halb sechs aufgestanden bin, bin ich doch erst kurz vor sieben losgekommen. Ich liebe es, in der Kühle des Morgens zu wandern. Nach knapp vier Stunden war ich am See. Zuerst hängte ich mein nasses Überzelt zum Trocknen in die Sonne. Dann ging ich mit kurzer Hose und T-Shirt schwimmen. Ich aß etwas und verband meine Füße neu. Inzwischen war das Zelt getrocknet. Also konnte ich gestärkt weitergehen. Es war sehr heiß. Nach einer Stunde traf ich auf meine erste Trail Magic. Von der Ferne sah ich ein weißes Zeltdach. Erst meinte ich, es wäre eine Veranstaltung. Dann sah ich eine Gruppe Menschen gemütlich darunter sitzen. Sie luden mich zu ihnen ein. Es gab Getränke in einer Kühlbox und Hotdogs. Die Hiker unterhielten sich, dabei rauchten sie nicht nur Zigaretten, sondern etwas anderes, das aber in Kalifornien legal ist. Nur für mich ungewohnt. Ich ließ meine Füße lüften. Nach zwei Stunden Pause hatte ich zwei vegetarische Hotdogs verdrückt, zwei Dosen Cola getrunken, danach gab's zwei Schoko-Cookies und kalten Kaffee für mich. Ich wanderte noch fünf Meilen und fand einen Platz für zwei Zelte. Patrick aus Karlsruhe hatte sein Zelt bereits aufgebaut. Ich stellte meines daneben und war froh, nach dem anstrengenden Tag mich ausruhen zu können. In der Ferne konnte man das Pfeifen der Züge hören. Inzwischen ist die Sonne untergegangen. Immer wieder höre ich Hiker vorbeikommen und hoffe, dass sie noch einen Platz für ihre Zelte finden, bevor es dunkel geworden ist. Das ist meine Angst an jedem Tag, abends keinen Stellplatz zu finden. Oh, wie ich es liebe, in meinem blauen Schlafsack im orangen Zelt zu liegen und Countrymusik zu hören!

28. April 2019, Meile 342

Im Best Western Hotel am Cajon Pass

Der heutige Tag war wunderschön! An einer Stelle mit herrlicher Aussicht machte ich Rast. Zuerst legte ich mein Zelt zum Trocknen aus. Dann konnte ich mich mit meinen Kindern per WhatsApp unterhalten. Viele Hiker kamen vorbei und hatten es sehr eilig: Sie wollten möglichst schnell zum McDonald's am Cajon Pass kommen. Ich habe die Aussicht und den Weg sehr genossen. Im McDonald's freute ich mich über den Kaffee und Pancakes. Später marschierte ich rüber zum Hotel und war froh, dass sie ein freies Zimmer hatten. Zuerst habe ich eine Stunde lang meine Wäsche gewaschen. Dann mein Zelt zum Trocknen rausgelegt und mich gründlich geduscht. Weil meine Füße dick angeschwollen waren, legte ich eine Plastiktüte mit Eiswürfeln drauf. Dann war Ausruhen angesagt.

29. April 2019, Meile 369

Mit dem Taxi fuhr ich nach Wrightwood. Dort wollte ich mein Resupply-Paket abholen, doch die Postbeamtin fand mein Packet nicht. Sie sagte, dass es aber angekommen sei. Wahrscheinlich wurde es in den Hardware Store gebracht. Zu Mittag aß ich ein vegetarisches Sandwich. Hmmm, so gut! Da meine Schuhe kaputt waren, mussten neue her. Also kaufte ich mir neue Schuhe und Socken. Die alten warf ich in den Mülleimer. In der Post hatte ich die zwei deutschen Frauen von neulich wieder getroffen, die ihre Schuhe nach Hause schicken wollten. Dafür brauchten sie zwei Stunden, und es kostete fast 50 US-Dollar. Auf dem Weg zu meiner Lodge wurde ich von Regen und Hagel überrascht und total nass. Ich zog mich um, legte mich aufs Bett und schief sofort ein. Nun ist es hier total gemütlich. Es gibt einen kleinen Christbaum mit Beleuchtung, dazu einen Kamin und eine Heizung. Im Fernseher habe ich Musik gefunden. Es ist wirklich sehr gemütlich! Wann und wo ich weitergehen werde, entscheide ich morgen. Es liegt einfach noch überall Schnee am Trail.

30. April 2019

Wrightwood

Selbstmitleid hilft absolut nichts, Mexalen schon! Am Abend nahm ich eine Tablette, und als die Schmerzen weg waren, fühlte ich mich schon wieder optimistischer. Bereits den ganzen Tag fühlte ich mich anders als die anderen Hiker. So, als ob ich nicht dazugehören würde. Nur weil ich Fußprobleme habe. So ein Quatsch! Und selbst wenn ich einige Meilen übersprungen habe, gehöre ich dazu. Im Dorf traf ich zwei Amerikanerinnen und ging mit ihnen frühstücken. Wir haben uns prima unterhalten. Zuvor hatte ich den beiden deutschen Mädels erlaubt, ihre Rücksäcke in mein Zimmer zu stellen, weil sie ihr Zimmer bereits um 11 Uhr räumen mussten. Als ich zurück in mein Zimmer kam, war ich geschockt, und mir war zum Heulen zumute. Mein Zimmer, für das ich viel Geld bezahlt habe, damit ich es gemütlich habe, war zum Aufenthaltsraum für die beiden Mädels geworden. Sie saßen auf der Couch und aßen. Ihren Abfall hatten sie in meinen Mülleimer gestopft, sodass er überging. Den Housekeeper hatten sie weggeschickt. So war weder der Kaffee aufgefüllt noch sonst etwas gemacht. Nachdem die Frauen aufgebrochen waren, schrieb ich eine SMS an die Besitzerin der Lodge. Sie schickte jemanden, der aufräumte, den Mülleimer ausleerte und frischen Kaffee für die Maschine brachte. Ende gut, alles gut! Und morgen geh ich weiter!

01. Mai 2019

South Fork Campside

Von Wrightwood aus machte ich mich wieder auf den Weg zum Trail. Der Tag begann schon sehr ungut. Der Fahrer des Uber-Taxis kam einfach nicht. Nach zwei Stunden Warterei wollte ich das Taxi stornieren, wusste aber nicht, wie das geht. Und bei Uber wird sofort der Preis von der Kreditkarte abgebucht. Mühsam suchte ich im Internet und fand heraus, wie man storniert. Oh Wunder, ich bekam das Geld zurückgebucht, was ich sofort auf meinem Handy sehen konnte. Dann bestellte ich nochmals ein Taxi. Dieses Mal wartete ich nur knapp eine halbe Stunde. Der Fahrer wusste nicht, dass die Straße gesperrt ist und meinte, er könnte mich dorthin bringen, von wo ich losgehen wollte. Er musste mich viel weiter vorne raus- lassen. Da am Mount Baden Powell noch Schnee liegt und der Trail rutschig ist, wollte ich drumherum wandern. Die Bundesstraße war wegen eines Erdrutsches gesperrt. Ich hätte auf der Straße entlanggehen können, sollen! Eine ältere Frau sagte, sie würde einen Trail wissen, der den Berg Baden Powell umgehen würde. Ich fragte, ob ich mich ihr anschließen könne. Wir machten uns auf und folgten einem kleinen Pfad. Der Weg war nicht gut gepflegt. Teilweise mussten wir über Geröll gehen und Flüsse überqueren. Dann ging's bergauf und bergab. Die Frau hieß Liane, mehr wusste ich nicht. Sie war sehr schnell unterwegs. Als sie mit SMS schreiben beschäftigt war, konnte ich sie überholen. Der Weg wurde noch schmaler, und Geröll lag überall. Ich hatte Angst, stieg aber weiter. Da es sehr am Abgrund vorbeiging, wartete ich auf Liane. Als sie nicht kam, hatte ich Angst, dass sie abgerutscht sein könnte. Während des Wartens schaute ich weiter, wo der Trail ist, konnte aber keinen Trail finden. Am gegenüberliegenden Berg war ein Weg zu erkennen, der sich am Abhang entlangschlängelte. Als Liane nicht kam, war klar, dass ich wieder zurück muss. Der Abschnitt war direkt am Abgrund und lauter lockere Steine. Ich hatte Angst und sagte zu mir: „*Du kannst dir vor Angst in die Hose machen, aber drübergehen musst du trotzdem.*" Es gelang mir, zurückzugehen, und ich suchte den Trail. Weiter zurück fand ich einen Steig nach unten. Wir hatten besprochen, dass wir bis zum Campingplatz gehen. Nach ca. 30 Minuten war ich endlich unten. Doch von Liane keine Spur. Ich hatte keine Karte des Trails und keinen Handyempfang. Also, keine Ahnung, wo es weitergeht. Ich sah Autos kommen auf einer staubigen Straße. Ich dachte mir, wo Autos reinfahren können, geht's auch wieder raus. Ich überlegte, mit irgendeinem Auto mitzufahren, egal wo hin. Und dann schauen, wie ich wieder zum PCT komme. Doch ich konnte ja nicht einfach weitergehen. Wenn wir zu zweit losgegangen sind, gehen wir zu zweit weiter. Ich überlegte, wen ich informieren könnte, dass sie nicht mehr unten ankam. Ich setze mich an einem Tisch vor der Ausfahrt. Nach einer Stunde machte ich mich auf dem großen Campingplatz auf die Suche nach ihr. Und da war sie. Ich war total erleichtert. Wir bauten unsere Zelte auf. Vorher hatte ich auf großen Schildern gelesen, dass es eine Gegend mit Bären ist und man die Lebensmittel im Auto lassen soll. Tja, wir hatten aber nur Zelte. Wir nahmen unsere Essensbeutel mit in unsere Zelte. Ich hatte keine Angst, dass ein Bär ins Zelt kommen könnte. Nur mein nächtlicher Gang zur Toilette war etwas ungemütlich. Doch ich leuchtete mit meiner Stirnlampe vorher in alle Richtungen und fühlte mich sicher. Der Trail am Abgrund war viel furchterregender.

06. Mai 2019

Hotel in Pasadena

Den Bericht über das, was nach dem Tag mit Liane passiert war, konnte ich sehr lange nicht aufschreiben. Wie sind relativ früh losmarschiert, erst über einen breiten Bach und dann immer bergauf. Der schmale Pfad führt immer ganz nah am Abgrund vorbei. Oft war er nur so breit wie ein Fuß. Man konnte also keine Stöcke neben sich stecken. Oft waren es nur lose Steine, und man musste aufpassen, dass man nicht mit den Steinen nach unten rutschte. Liane hatte ein sehr schnelles Tempo. Selten wartete sie auf mich. Es schien, als wollte sie nach oben rennen. Manchmal lagen Bäume quer. Irgendwie musste man da drüber. Einmal warf ich meinen Rucksack rüber und kletterte teils drüber, teils unter den Zweigen durch. Meistens konnte man irgendwie drüberklettern, doch immer war der umgefallene Baum nahe des Abgrunds. Es war extrem anstrengend, auch für meine Nerven. Wir machten kaum Pausen. Nur kurz etwas essen und auf die Toilette gehen oder Wasser am Bach holen. Nach über vier Stunden kamen wir oben bei einem Parkplatz an, wo sich unser Weg mit dem PCT kreuzte. Da saßen die beiden jungen deutschen Frauen und aßen. Liane sagte, dass ich ja nun alleine laufen könne, da ich nun wieder meine APP für den PCT verwenden kann. Ich machte eine längere Pause, konnte mich aber trotzdem kaum erholen. Auch der PCT führte wieder nur bergauf. Es ging durch den Wald, und auch hier lagen viele Bäume quer. Durch den starken Regen gab es viele sog. Auswaschungen, das sind Geröllfelder, die abgerutscht sind. Die anderen Hiker überholten mich. Wir wollten uns beim nächsten Campingplatz treffen. Der Weg führte wieder nur am Abgrund vorbei und war genauso anstrengend wie vor dem Parkplatz. Ich aß einen Müsliriegel, und da ich Internetempfang hatte, schrieb ich meinem Sohn kurz, wie schrecklich der Weg ist. Nach einer Stunde sah ich einen Platz, der offensichtlich als Notschlafplatz mit Ästen und Laub am Wegrand hergerichtet war. Kurz überlegte ich, hierzubleiben. Doch eigentlich wollte ich lieber dieses schwierige Wegstück hinter mich bringen. Also ging ich weiter. Wieder musste ich über Bäume klettern und Umwege um sie rum machen. So hatte ich den PCT verloren und wusste auf einmal nicht mehr, wo er war. Ich begann ihn zu suchen. Doch dann rutschte ich ab und kam dem Abhang immer näher. Der Rucksack am Rücken verhinderte, dass ich mich hinsetzen konnte, und so rutschte ich weiter. Ich nahm den Rucksack ab und hielt ihn fest. In der anderen Hand hatte ich beide Stöcke, die ich fest in den Boden steckte, und mit den Fersen drückte ich fest gegen den Boden. Da saß ich nun mit dem Gesicht zum Abgrund. Zwar rutschte ich nicht weiter, aber ich konnte auch nicht wieder aufstehen. Zumindest traute ich mich nicht. Ich schaute in alle Richtungen, konnte den Trail aber nirgends entdecken. So am Abgrund zu sitzen, war mühsam und belastend. Ich dachte, ich sollte mich irgendwie sichern. Oberhalb lag ein Baum quer. Zuerst schaute ich, dass mein Rucksack fest dalag, denn wenn er abrutscht, würde ich ihn nie wiederbekommen, dann rutschte ich auf dem Hintern rückwärts vorsichtig nach oben und sicherte mich mit den Stöcken. Ich schaffte es, über den Baumstamm zu gelangen, stemmte meine Füße dagegen und war sicher. Da ich nicht mehr wusste, wie ich weiterkomme und auch keinen Handyempfang mehr hatte, drückte ich auf dem Spott den SOS-Knopf. Das Ding blinkte, also wird irgendwer nach mir suchen. Nachdem ich mich etwas beruhigt hatte, dachte ich, dass ich meinen Rucksack brauchen könnte. Ich hatte noch eineinhalb Liter Wasser, Essen für fünf Tage, einen Schlafsack und eine Notfalldecke. Damit kann ich auch übernachten, falls sie mich erst am nächsten Tag finden würden. Ich wollte also den Rucksack auch rauf hinter den Baumstamm holen. Wieder rutschte ich auf meinem Hintern, zuerst runter, dann rauf. Den Rucksack zog ich neben mir her. Ich kraxelte mühsam über den Baumstamm, doch wie sollte ich den Rucksack raufbekommen, ohne dass er plötzlich nach unten rutschte? Es war sehr mühsam, ihn über den Baum zu heben. Erschöpft saß ich erst eine Weile da. Ich holte meinen Pass aus dem Rucksack und dachte, dass man ja wissen muss, wer ich bin, falls ich den Abhang ganz runterrutsche. Da saß ich nun und wartete. Wohin ich auch schaute, gab es Abhänge, entweder rauf oder runter. Weit und breit kein Weg. So verging die Zeit. Plötzlich war es merkwürdig. Ich schaute um mich und fragte mich: *„Wo bin ich? Wie bin ich hierhergekommen?"* Ich hatte keine Ahnung. Es war wie ein totaler Blackout. Ich konnte mich an den genauen Hergang nicht mehr erinnern. Auch danach nicht. Es ist so, als ob die Seele sich schützen würde. Da ich mitten zwischen den Bäumen saß, hatte ich Bedenken, ob man mich von oben überhaupt sehen kann. Ich breitete meinen roten Regenmantel neben mir aus. Ein Hubschrauber kreiste, drehte aber wieder ab. Ich war verzweifelt. Es dauerte lange, bis ich den Hubschrauber wieder hörte. Da nahm ich den roten Mantel und wehte damit wie mit einer Fahne. Wieder drehte der Hubschraube ab. Mein Verzweiflung wurde immer größer, und ich begann zu schluchzen. Plötzlich hörte ich etwas hinter mir. Es näherte sich eine dunkle Gestalt mit Helm. Er sah aus fast wie ein Astronaut. Er fragte, ob ich ok sei und was mir fehlt. Außer ein paar Kratzern hatte ich zum Glück keine Verletzungen. Er nahm meinen Rucksack und meinte, dass der aber sehr schwer wäre. Dann forderte er mich auf, aufzustehen und nach oben zu gehen, denn der Hubschrauber könne uns von hier nicht aufnehmen. Ich sagte, dass ich nicht aufstehen kann, weil ich viel zu viel Angst habe. Da legte er mir einen Sitzgurt um. Noch immer wollte ich nicht aufstehen. Auf allen Vieren kroch ich nach oben, rutschte zurück, und der Mann hielt mich mit einer Hand am Karabiner fest, mit der anderen schob er mich am Hintern weiter nach oben. Auf einer Waldlichtung stand ich auf und zitterte am ganzen Körper. Der Mann deute immer wieder auf seine Augen, was so viel heißt wie: *„Schau mich an!"* Dann erklärte er mir, dass ich mich am Rand der Türe des Hubschraubers festhalten und dann reinziehen muss. Inzwischen stand der Hubschrauber über uns, und das Seil kam herunter. Als der Mann das Seil an den beiden Karabinern festmachte, einen bei sich, einen bei mir, dachte ich nur: „Und daran hängen wir beide nun!" Doch schon ging es nach oben. Mich überkam die totale Panik. Der Hubschrauber drehte ab, und das lange Seil schleuderte im hohen Bogen, während es kürzer und hineingezogen wurde. Immer wieder deutete mir der Mann: Schau mir in die Augen. Unter uns sah ich die Bäume immer kleiner werden. Schnell das Seil nach oben gezogen, und ich sah die Tür vom Hubschrauber. Doch ich konnte mich nicht reinziehen, denn ich war mit dem Rücken zur Tür. Der Mann versuchte mich zu drehen. Oben, an der geöffneten Tür, stand ein weiterer Mann. Er versuchte mich zu fassen. Inzwischen war ich umgedreht und suchte irgendetwas, woran ich mich festhalten konnte. Schließlich gelang es mir mithilfe des Mannes, mich in den Innenraum zu ziehen. Mein Retter kam hinterher. Drinnen nahmen sie mir den Gurt ab. Ich dachte: *„Es ist mir ganz egal, wohin sie mich bringen, Hauptsache weg von diesem Ort!"* Nach kurzer Zeit ging der Hubschrauber bereits nach unten. Ich überlegte, welche Stadt da wohl sein mag. Doch da war keine Stadt. Ich sah den Highway. Unten standen drei Autos mit Blinklichtern und weiter oben auch wieder drei Wagen mit Blinklichtern: Highway Control, Polizei, Rettungswagen etc. Die Straße wurde für mich gesperrt. Schon setzte der Hubschrauber im abgesperrten Teil der Straße auf. Jemand half mir raus und brachte mich zu einem Krankenwagen. Der Hubschrauber flog wieder ab. Ich wurde untersucht, bekam erst mal Wasser, und dann wurden Fragen gestellt. Als klar war, dass ich unverletzt war, bot man mir an, mich zurück zum Trail zu bringen. Ich wehrte vehement ab. Da es keinen Grund gab, mich in ein Krankenhaus zu bringen, fragten sie mich, ob ich Geld hätte, um in einem Hotel zu übernachten. Das war mir sehr recht. Zuerst wollten sie mich zu einem Motel neben der Highway Patrol Station bringen. Doch es stellte sich heraus, dass dort kein Zimmer frei war. Ich bat sie, mich in einen Ort zu bringen, von wo ich mit öffentlichen Verkehrsmitteln wieder wegkommen kann. Sie sprachen von einer Stadt, deren Namen ich vorher nie gehört hatte. Zuerst wollten sie ihren Chef fragen, ob sie so weit fahren dürfen, doch der war telefonisch nicht erreichbar. Der Weg bis zur Stadt war weit, und ich bat sie um einen kleinen Toilettenstopp. Bei der Weiterfahrt hatte ich mich einigermaßen gefangen und stellte Fragen: *„Wohin schicken Sie die Rechnung für den Transport?"* Sie sagten, dass es für mich nichts kostet. Erstaunt fragte ich nach. Ja, weder der Hubschrauber noch der Krankenwagen würde mich etwas kosten. Sie seien alle Freiwillige. Es fiel mir schwer, das zu glauben, aber ich dachte, das kann ich später noch mit meiner Versicherung klären. Hauptsache ist, dass sie mich gefunden hatten. Ich fragte, ob es heuer bereits andere Hubschrauberbergungen gegeben hätte. Und ich erfuhr, dass es etliche waren, obwohl es ja gerade erst der Anfang der Saison ist. Es waren aber keine eigentlichen Notfälle im Sinne von Unfällen, sondern immer nur Erschöpfung, Überforderung und zu wenig Wasser. Einmal suchten sie einen jungen Mann, dessen Vater sich Sorgen machte, da sein Sohn sich ein paar Tage nicht gemeldet hatte. Doch der war unterwegs und hatte es nicht für nötig gefunden, sich oft zu melden. Inzwischen waren wir in Pasadena angekommen, und sie versuchten im Internet herauszufinden, welches Hotel gut sei. Schließlich brachten sie mich zu einem hübschen Hotel mitten im Zentrum. Sie fuhren sogar bis in die Tiefgarage, wobei ihre Funkantennen am Auto ständig an der Decke der Garage hängenblieben. Ich bedankte mich ganz herzlich bei den beiden und staunte noch immer über ihre Hilfsbereitschaft. Sie hätten mich wirklich nicht meilenweit fahren müssen. An der Rezeption des vornehmen Hotels kam ich mir, so wie ich aussah, wirklich deplatziert vor. Doch mit einer VISA Karte scheint das alles akzeptabel zu sein. In dem schönen Zimmer stellte ich erst meinen Rucksack ab, setzte mich hin und tat dann einfach mal gar nichts. Duschen und essen kann ich ja auch später noch.

Während meines Aufenthaltes in Pasadena habe ich nichts aufgeschrieben. Ich beschloss. nach Tehhachapi zu reisen, um dort mein Paket abzuholen, das ich vorausgeschickt hatte.

Tehachapi, 8. Mai 2019

In der Mojave-Wüste gibt es einige Städte. Tehachapi ist eine kleine, aber sehr weitläufige Stadt mit vielen historischen Gebäuden.

Vom Trail aus kommt man sehr gut hierher. Es ist also eine richtige Hiker-Stadt. Überall sieht man Autos, aus denen Menschen mit großen Rucksäcken aussteigen. Ich hatte mir hierher zwei Resupply-Pakete geschickt. Bereits von Anfang an des PCT war klar, dass man evtl. die Teilstrecke der Sierra Nevada überspringen muss, weil in der Sierra Nevada zu viel Schnee liegt. Zwar sind es noch etliche Meilen, bis die Sierra beginnt, aber Tehachapi ist der letzte Ort mit öffentlichen Verkehrsmitteln. Ein beliebter Treffpunkt für die Hiker ist die German Backery. Und da sitzen viele „gestrandete" Hiker. Ratlos und planlos, was sie in der nächsten Zeit machen sollen. Ein paar Deutsche fliegen mal schnell für zwei Wochen nach Hawaii. Andere haben ein Auto ausgeliehen und fahren nach Los Angeles und dann an der Küste entlang. Eine junge Frau fährt erst einmal zum Grand Canyon. Christina aus Chicago hat an beiden Füßen eine Sehnenentzündung, genannt Plantarfascilities. Sie kann nicht weiterwandern. Auch sie leiht sich ein Auto aus. Sie will zum Grand Canyon und nach Las Vegas. Dort wird sie sich eine Vorstellung des Cirque du Soleil ansehen. Falls ihre Füße immer noch Probleme machen, sagt sie: *„I will adopt a dog and go home!"* Das kann man natürlich auch machen. Manche Amerikaner reisen für 2–4 Wochen nach Hause. Dann gibt es eifrige Wanderer, die weiter im Norden wieder zum Trail wollen, um dort ihre Wanderung fortzusetzen. Doch das ist auch nicht die beste Lösung, denn der Trail ist nur in Südkalifornien schneefrei. Bevor die meisten ihrer Wege gehen, genießen sie erst mal die Annehmlichkeiten der Hotels mit Frühstücksbuffet, Whirlpool, Waschmaschine etc. Ich habe aber auch etliche Unerschrockene gesehen, die sich mit Steigeisen und Eispickel weiter auf den Trail begeben. Da kann man nur sagen: *„Good luck!"* Und: *„Happy Trails!"*

Der Trail und ich

Bereits nach ein paar Tagen hatte ich eine Art Beziehung zum Trail aufgebaut. Erst kam es mir in den Sinn: „Ich bin der Trail."

An anderen Tagen sprach ich mit dem Trail. Meistens ist der Trail eine Art Achterbahn. Rauf, runter, links, rechts. Nicht immer sah man gleich, wie es nach der nächsten Kurve weitergehen wird. Und so fragte ich den Trail: „*Wo willst du denn hin?*" Ein anderes Mal, als ich eine Weile einen anderen Trail gehen musste, sprach ich auch zu diesem Trail, dass er mir nicht gefällt, sondern dass mir der PCT viel besser gefällt. Und als ich dann auf den PCT zurück war, sagte ich, er solle nicht eifersüchtig sein, denn ich wäre ihm ja nicht untreu geworden und bin wieder da. Keine Sorge, ich bin nicht verrückt geworden, sondern nur ein PCT-Hiker, der täglich 8–10 Stunden mit dem Trail verbringt.

Trail, wo bist du?

Der Pacific Crest Trail ist eigentlich ein gut präparierter Weg. Meistens braucht man weder eine Karte noch einen Kompass. Ich habe mir eine APP besorgt und alle Abschnitte des PCT als Karten runtergeladen. Ich dachte, ich wäre damit genügend ausgerüstet. Doch bereits am ersten Tag, im ersten Ort, fand ich die Abzweigung von der Landstraße nicht. Ich schaute auf meine APP, aber das half mir nicht viel, da ich nicht wusste, wo ich war.
Es war früh am Sonntagmorgen, und niemand war weit und breit zu sehen. Ich kehrte um und wollte zurück bis dorthin, wo ich den Trail vor dem Ort noch hatte. Da kam jemand mit einem Auto, und so konnte ich fragen, wo es weitergeht. Die Abzweigung war bei einem Schild: „Privat, Durchgang verboten." Am dritten Tag hatte ich auf einem weitläufigen Campingplatz übernachtet. Auch dieses Mal war ich sehr früh unterwegs. Ich durchquerte das weite Gelände und wusste, der Trail zweigt irgendwo rechts ab. Das zeigte sich auf der Karte der APP, doch trotz freischalten des Standortes konnte ich auf der Karte nicht sehen, wo ich mich befand. Ich sah nur, dass die Landstraße weiter unten dem PCT wieder sehr nahe kommen wird. Also marschierte ich weiter. Als ich wieder Handyempfang hatte, konnte ich mit Google Maps den Weg finden.

An einem Picknick-Platz traf ich einen jungen Deutschen, der dieselbe APP verwendete. Ich hatte vergeblich versucht, innerhalb der APP das GPS freizuschalten. Doch man musste im Handy den Zugriff der APP aufs GPS erlauben. Endlich konnte ich einen kleinen blauen Punkt auf der Karte erkennen Das war sehr hilfreich. Trotzdem habe ich den Trail immer wieder verloren. Einmal ging es durch ein Gelände mit vielen Geröllfeldern und Büschen über dem Weg. Trotz kurzer Hose ging ich tapfer weiter. Das Gebüsch wurde immer dichter, meine Beine wurden immer mehr zerkratzt. Irgendwie dachte ich, dass ich da halt durch müsse. Von einem Trail war nichts mehr zu erkennen. Ich kämpfte mich durch die Dornen, bis ich den Trail wiederfand. *„Da bist du ja!"*

Hiker-Städte

Auch der längste Weg durch die Wildnis führt irgendwann mal wieder in eine Stadt. Man muss sich ja schließlich wieder mit Lebensmitteln eindecken. Häufig geschieht das durch sog. Resupply Boxes, die man sich entweder selbst vorausgeschickt hat, oder man hat sie vorbereitet, und Freunde oder Verwandte schicken diese Pakete ab. Daher führt der erste Weg in einem Ort zum Postamt. Doch wenn man am Wochenende ankommt, bedeutet das Warten bis Montag. Als ich in Wrightwood ankam, fand die Frau im Postamt mein Paket nicht. Ich solle ihr die Tracking-Nummer mitteilen. Zum Glück fand ich den Zettel tief im Rucksack. Sie suchte wieder und meinte, das Paket wäre registriert, aber nicht da. Evtl. wurde es zum Hardware Store gebracht. Dort wurde es zum Glück gefunden. Dieses Paket ist eine sog. Bounce Box. Das bedeutet, man schickt sie immer wieder weiter. Da drin habe ich die Medikamente für sechs Monate, die Kopien der wichtigsten Dokumente, die Unterlagen der Krankenversicherung und die Beschreibungen der gesamten Trail-Abschnitte. Eine andere Box, mit Ausrüstung für die Sierra Nevada, habe ich auch vorausgeschickt. Später habe ich erfahren, dass Pakete nur 30 Tage bei der Post gelagert werden. Doch ich habe das Paket zu früh losgeschickt. Die Trackingnummer hatte ich nicht mehr. Nachdem die Frau in der Post gestern so freundlich war, habe ich sie gebeten, bei diesem Postamt anzurufen und das Paket an ein anderes Postamt zu schicken (In den USA geht das ohne Mehrkosten), und es hat geklappt! In zwei Wochen bekomme ich auch dieses Paket. Die Bewohner der Hiker-Städte mögen die PCT-Hiker. Und so gibt es mit der PCT Permit Vergünstigungen in Cafés, Restaurants und auch anderen Geschäften. Hier bekommt man in einem Laden kostenlose Hotdogs, auch vegetarische. Wenn man seine Box erhalten hat und/oder eingekauft hat, beginnt dann das Organisieren der Vorräte. Möglichst viel Verpackung weglassen und alles in ZIPLOC-Säcke verpacken.

Trampen

Um in die Ortschaften zu gelangen, wird man nicht umhinkönnen zu trampen. Es gibt vereinzelt Hiker, die sind alle die zusätzlichen Meilen auf den Highways zu Fuß gelaufen, doch das sind die wenigsten. Die meisten trampen in die Städte und danach wieder zurück zum Trail. Beim ersten Mal hatte ich große Bedenken. Ich bin nie in ein Auto gestiegen, in dem nur ein Mann saß, sondern lieber mit einem Pärchen. Andere Frauen sind nie alleine getrampt. Ein guter Rat ist es, vorher die Autonummer zu fotografieren und an einen Freund zu schicken. Dann fragt man den Fahrer nach seinem Namen und dessen Fahrziel, bevor man angibt, wohin man selbst möchte. Wichtig ist es immer, gemeinsam mit seinem Gepäck einzusteigen. Es gab Vorfälle, wo jemand den Rucksack hinten auf den Truck gestellt hatte, und bevor er einsteigen konnte, ist das Auto davongefahren. Bei allen Ratschlägen zur Sicherheit sollte man aber auch noch andere Dinge beachten. Man sollte am Straßenrand seinen Hut abnehmen und versuchen, etwas zivilisiert auszusehen, was natürlich nicht so einfach ist. Vielleicht kurz durch die Haare fahren. Meistens hat man in einer kleinen Gruppe mehr Erfolg, wenn sich die Frauen vorne hinstellen, denn nach etlichen Wochen haben die meisten Hiker einen wilden Bartwuchs. Dass man freundlich und höflich ist, ist wohl eine Selbstverständlichkeit. Doch wenn man sich an die allgemeinen Vorsichtsmaßnahmen hält, kann man viele interessante und erfreuliche Begegnungen haben.

Meditieren beim Weitwandern?

Die Vorstellung, tagelang nur zu wandern, ist oft verbunden mit der Idee, man würde viel Zeit mit Nachdenken verbringen. Das dachte ich auch – bevor ich losmarschiert bin. Doch dann ist alles anders. Man ist viel zu beschäftigt, um richtig *nachzudenken*. *„Wie weit ist es noch bis zur nächsten Wasserquelle? Warum schleppe ich nur so viel Zeug im Rucksack mit? Was könnte ich bei der nächsten Station rauswerfen?"* Doch selbst bei diesen kurzen Gedanken verweilt man kaum. Der Trail ist schmal und führt oft nahe am Abgrund entlang. Man muss bei jedem Schritt schauen, wo man den Fuß hinsetzt. Außerdem will man auch keiner Schlange begegnen. Wenn der Weg wieder übersichtlicher ist, entdeckt man Blumen oder freut sich über die herrliche Aussicht.

An einem nebligen Tag wanderte ich durch ein Gebiet mit riesigen Felsbrocken. Plötzlich kam mir der Gedanke: Das ist doch ein toller Platz, um Ostereier zu verstecken.

Ein anderes Mal tauchte das Wort *Nachthemd* auf in meinem Kopf. *„Ein Nachthemd? Das ist doch absurd! Das ergibt doch keinen Sinn!"*

Meditieren oder Nachdenken ging nicht. Ich konnte keinen Gedankengang fortsetzen. Irgendwie fühlte es sich merkwürdig an, nicht mehr richtig denken zu können. Also versuchte ich, mich an mein bisheriges Leben zu erinnern. Auch das war mir nicht möglich. Es gab nur den Trail und mich. *„Ich bin der Trail!"* Wegen einer Fußverletzung machte ich in einer kleinen Stadt ein paar Tage Pause. Endlich funktioniert mein Gehirn wieder. Mal sehen, wie es wird, wenn ich wieder unterwegs bin.

Trail Magic

Während meiner Vorbereitung auf den Pacific Crest Trail las ich oft den Begriff Trail Magic. Auch in den YouTube-Videos kommt das sehr oft vor. Das sind Überraschungen am Weg. Freundliche Menschen möchten uns Hikern das Leben erleichtern. Bisher habe ich das nicht oft erlebt. Inzwischen weiß ich auch den Grund: Die Trail Magic passiert meistens am Wochenende, weil die Menschen dann Zeit haben. Meine erste kleine Magic waren vier Dosen Sprite, die an einem Bachufer standen. Ein anderes Mal begegnete mir ein Mann. Er sagte, dass sein blauer Truck in einer Meile am Parkplatz steht. Dort gibt's Wasser, und man darf seinen Müll entsorgen. Lauter Kleinigkeiten, die doch so hilfreich sind. Und am Samstag traf ich wirklich auf Trail Magic. Es war sehr heiß, meine Füße waren voller Blasen, und ich war müde. Und da sah ich es von Weitem: ein weißes Zeltdach, und darunter saßen etliche Personen gemütlich auf Stühlen. Es gab eisgekühlte Getränke, viel zu essen und Musik. Dass auch so manches „Kraut" geraucht wurde, störte mich nicht. Ich wurde freundlich begrüßt und eingeladen, mich dazuzusetzen. Nach zwei Stunden ging ich erholt und satt weiter. Ich hatte zwei vegetarische Hotdogs, zwei Cookies, zwei Cola und eine Tasse Eiskaffee verdrückt. *„Vielen Dank, ihr freundlichen Menschen!"*

Zero Days

Was ist denn das schon wieder? Und was ist mit Nero Days gemeint? Zero heißt null: An solchen Tagen geht man keine einzige Meile, während Nero Days halbe Zero Days sind, z. B. wenn man in einer Stadt angekommen ist und den Rest des Tages nicht weiterwandert. Man sollte immer wieder Zero Days einplanen. Einerseits, um sich zu erholen, andererseits, um die Städte zu erkunden. Nur die wenigsten Hiker machen Zero Days abseits der Städte, obwohl man sich auch an einem hübschen See richtig gut ausruhen könnte.

Trail-Planung

Es gibt im Internet eine ganz tolle und praktische Seite: einen Trail-Planer. Da kann man alles eintragen, vom Startdatum über die durchschnittliche Geschwindigkeit, das Enddatum und wann man Zero Days machen möchte. Natürlich muss man schauen, ob das alles zusammenpasst. Wenn ich das Startdatum und die Zeros plus Geschwindigkeit angebe, hängt das Enddatum natürlich davon ab. Will ich aber unbedingt an einem bestimmten Datum ankommen, richtet sich alles danach. Man kann jederzeit Änderungen vornehmen.
https://www.postholer.com/planner/Pacific-Crest-Trail/1

Die Bridge of the Gods

Die Bridge of the Gods ist die Grenze zwischen Oregon und Washington. In unzähligen Videos habe ich mit verfolgt, wie sehr sich die Hiker gefreut haben, wenn sie in den letzten Bundesstaat kamen, durch den der PCT führt. In meiner Vorstellung bin ich auch immer wieder mal über diese Brücke gegangen. Doch nachdem ich meinen PCT Thruhike abgebrochen hatte, war das ja nicht mehr möglich. Doch der Wunsch, über diese Brücke zu gehen, war so stark, dass ich mit dem Zug hinfuhr. Als ich die Brücke sah, war ich total traurig, und beim Rübergehen konnte ich die Tränen nicht mehr zurückhalten und weinte bitterlich. Es dauerte eine Weile, bis ich verstanden habe warum. Es war die Trauer über den Tod meines Traumes. Ich musste mich von ihm erst verabschieden und den Schmerz zulassen. In den folgenden Tagen bin ich dann sowohl auf der Seite in Oregon als auch in Washington einen Tag am PCT gewandert. Außerdem habe ich mit ein paar Hikern gesprochen. Es war gut, dass ich hingefahren bin.

Informationen zum Pacific Crest Trail

Logistik

Da stellt sich erst einmal die Frage, in welcher Richtung man den PCT wandern möchte. Von Norden nach Süden oder von Süden nach Norden. Um dafür eine Entscheidung zu treffen, gibt es einiges zu bedenken.

Das Wetterfenster: Auf dem PCT gibt es zwei große Schneegebiete, die Sierra Nevada ca. von Meile 720 bis Meile 1100 und Nord Washington von Meile 2400 bis zur kanadischen Grenze.

	Süden nach Norden	Norden nach Süden
Wetterfenster	Hier hat man es mit den Schneeresten des Vorjahres in der Sierra Nevada zu tun und dem Schnee, der in Washington fällt.	Hier ist es genau umgekehrt, der Schnee des Vorjahres in Washington und der neue Schnee in der Sierra Nevada.
Startdatum	Das Zeitfenster beträgt also von Kennedy Meadows zum Manning Park 3,5 Monate (Meile 720–2661,4). Das Startdatum hängt vom Datum ab, an dem man in die Sierra kommt. Am besten 10–15. Juni, das bedeutet Start ab Campo Ende April, Anfang Mai. Man bedenke auch, dass es bei Meile 24 in den Laguna	Hier beträgt das Zeitfenster vom Manning Park bis zum Forester Pass nur 2,5 Monate (Meile 2661,4–779,5). Startdatum an der kanadischen Grenze ist Anfang bis Mitte Juli, abhängig von der Schneeschmelze in Washington.

Startdatum	Mountains, bei Meile 160-190 in der Nähe von San Jachinto und bei Baden Powell Meile 374–384, im Frühjahr noch Schnee geben kann.	
Enddatum	Das Enddatum hängt auch mit den Schneeverhältnissen zusammen. Der Wintereinfall in Washington führt zur Schließung des Trails. Man sollte also versuchen, bis Mitte September an der kanadischen Grenze zu sein.	Man sollte versuchen, Mitte September am Forester Pass zu sein, Meile 779,5, und in Campo nicht später als Mitte November.
Wasser	Die Bäche in Südkalifornien haben im Frühjahr Wasser.	Im Herbst aber nicht mehr.
Wasser-Caches	Die Wasser-Caches sind normalerweise aufgefüllt.	Die Wasser-Caches sind meistens leer.
Wasser-Report	Der Wasser-Report wird von den Hikern regelmäßig aktualisiert.	Kein aktueller Wasser-Report.
Tageslicht	In Südkalifornien 13,5 Stunden Tageslicht bis 12 Stunden in Washington.	Am Beginn ca. 15,5 Stunden Tageslicht, jeden Tag werden es Minuten weniger, am Ende sind es nur noch 11 Stunden.
Sonne	Die Sonne scheint von hinten.	Die Sonne scheint ins Gesicht.

Wetter	Normalerweise warmes Wetter, manchmal ist es aber auch sehr heiß.	Keine große Hitze, aber Kälte in der Sierra im Herbst.
Insekten	Extrem viele Mücken in Zentralkalifornien und Oregon.	Kein Mückenproblem.
Kondition	Man läuft 700 Meilen, bevor man in die Sierra kommt.	Man beginnt in den nördlichen Cascade Mountains, die zu den anstrengendsten Teilen des gesamten Trails gehören.
Trail-Community	1500–2000 Thru-Hikers jedes Jahr.	Weniger als 200 Thru-Hiker, außerdem wird man von den Entgegenkommenden durch deren Fragen immer aufgehalten.
Öffnungszeiten der Ressorts	Die Berg-Ressorts sind offen, man kann Pakete empfangen, duschen, essen und teilweise übernachten.	Die Ressorts sind meistens bereits geschlossen.
Kanadische Grenze	Mit einer speziellen Erlaubnis können PCT-Hiker die kanadische Grenze passieren, und sie beenden ihren Trail in Manning Park.	Es ist illegal, von Kanada in die USA zu gehen. Entweder beginnt man am Rainy Pass (Meile 2591,1) oder Harts Pass (Meile 2622) und wandert nördlich zur Grenze.

Aus all dem oben Erwähnten ergibt sich, dass die meisten Hiker im Süden beginnen. Doch auch wenn man das Zeitfenster einhält, kann es sein, dass man wetterbedingt seinen Weg nicht direkt fortsetzen kann. Es gibt auch noch andere Gründe für Trail-Sperrungen, z. B. Waldbrände oder Erdrutsche durch Regen etc.

Permits

Um den PCT zu wandern, braucht man für manche Gebiete ein Permit. Man unterscheidet zwischen short-distance unter 500 Meilen und long-distance permit über 500 Meilen. Dabei handelt es sich um die Erlaubnis, in der Wildnis zu übernachten. Zum reinen Wandern, z. B. Tageswanderungen, ist kein Permit erforderlich.

https://www.pcta.org/discover-the-trail/permits/under-500-miles/
https://www.pcta.org/discover-the-trail/permits/pct-long-distance-permit/

California Fire Permit

https://www.pcta.org/discover-the-trail/permits/california-fire-permit/
Diese Permit dient nicht dazu, ein Lagerfeuer zu machen, was auf weiten Strecken verboten ist. Doch auch für den Campingkocher braucht man diese Fire Permit.

Canada PCT Entry Permit

https://www.pcta.org/discover-the-trail/permits/canada-pct-entry-permit/
Diese Permit braucht man, wenn man zu Fuß nach Kanada einreisen mochte.

Alle diese Permits müssen in Papierform mit sich geführt werden. Am besten schützt man sie mit einer Plastikfolie oder steckt sie in einen Ziplock-Beutel.

Weitere Permits, die man unterwegs benötigt, sind für folgende Gebiete:

North Cascades National Park
Obsidian Limited Entry Area
Pamelia Limited Entry Area

Mit dem PCT long-distance permit darf man nicht im North Cascades National Park übernachten. Man braucht dazu ein weiteres Permit.
https://www.pcta.org/discover-the-trail/permits/north-cascades-national-park/

Obsidian Limited Entry Area
https://www.pcta.org/discover-the-trail/permits/obsidian-limited-entry-area/
Um im Obsidian Creek oder Glacier Creek zu zelten, benötigt man ein weiteres Permit. Hikers und Reiter, die am PCT unterwegs sind, dürfen dieses Gebiet durchqueren, solange sie den PCT nicht verlassen.

Pamelia Limited Entry Area.
Aber um in der Coyote/Shale Lake Zone campen zu dürfen, braucht man dieses spezielle Permit.
https://www.pcta.org/discover-the-trail/permits/pamelia-limited-entry-area/

Zu den wichtigen Papieren gehört für „Nicht-Amerikaner" der Pass und das Visum.

Visum

Visum für Touristen

Das normale Visum, auch ESTA-Visum, kann man online beantragen. Es gilt für einen Aufenthalt für bis zu drei Monaten. Man kann aber mehrmals einreisen im Zeitraum der Gültigkeit. Für den PCT braucht man ein anderes Visum, da man ja 5-6 Monate in den USA sein wird. Für einen längeren Aufenthalt zu touristischen Zwecken benötigt man das **B2-Visum**. Den Antrag stell man auch online. Das ist ein ziemlich aufwendiger Akt. Wenn man mit allen Formularen fertig ist, zahlt man per Kreditkarte. Danach bekommt man Zugang zu einem Online-Kalender, in dem man seinen Wunschtermin bei der zuständigen Behörde eintragen kann. Entweder bei der US-Botschaft oder beim US-Konsulat. Wichtig ist es, sich vorher alle Informationen dazu durchzulesen. Bei dem Termin muss man alle erforderlichen Nachweise mitbringen, darf aber keinen Laptop oder andere elektronische Geräte dabei haben. Smartphone ist erlaubt. Ich habe erlebt, dass Personen mit Laptop weggeschickt wurden. Es gibt keine Möglichkeit, ihn irgendwo zu deponieren. Selbst das Café im Erdgeschoss nimmt ihn nicht in Verwahrung. Wenn man also einen Laptop dabeihat, ist das sehr ärgerlich, denn man ist umsonst angereist und muss einen neuen Termin vereinbaren. Eine Frau hat sich ein Taxi gemietet, in das sie ihre Sachen gelegt hat. Ich persönlich halte das für eine sehr gewagte Möglichkeit. Nach der Sicherheitskontrolle wird man zu einem der Schalter gerufen und erklärt kurz, wofür man dieses Visum braucht. Bei mir wurde schnell PCT draufgeschrieben, und ich musste für ein weiteres Interview Platz nehmen. Das zweite Interview war etwas ausführlicher und nur auf Englisch. Der junge Mann am Schalter hatte den PCT selbst absolviert und wusste also, worum es geht. Danach bekommt man entweder einen Termin, wann man den Pass mit Visum abholen kann, oder man hat vorher schon dafür bezahlt, dass der Pass per Einschreiben zugeschickt wird. Bei mir hat das weniger als eine Woche gedauert. Wichtig ist, darauf zu achten, dass der Pass noch sechs Monate nach Ende des Aufenthaltes in den USA gültig ist. Ich musste sowieso einen neuen Pass ausstellen lassen. Das war gut so, denn das Visum gilt für 10 Jahre zur mehrmaligen Einreise in die USA mit einer Aufenthaltsdauer bis zu sechs Monaten.

Geld, Kreditkarten und Dokumente

Zu diesem Thema sollte man sich ausreichend Gedanken machen. Die Kreditkarten braucht man hauptsächlich für die Übernachtungen in den Städten. Für die Buchung online und auch für sonstige Bezahlungen. In vielen Geschäften kann man damit auch einkaufen, doch nicht in allen. Vor allem in kleineren Ortschaften benötigt man Bargeld. Für die Waschsalons und etliche Duschen sind 25-Cent-Münzen erforderlich. Geldabheben mit Kreditkarten ist oft teuer. Da ist es zu überlegen, ob man seine EC-Karte mitnimmt. Doch unbedingt darauf achten, dass man sie für die USA freischalten lässt, ansonsten kann man nur in Europa damit Geld abheben. Für alle Karten sollte man die Notrufnummer mit sich führen, falls man die Karte verliert. Neben Geld braucht man auch Dokumente. Ich hatte meinen Pass mit dem Visum immer dabei. Außerdem braucht man die Permit für den PCT in Papierform, ebenso die Fire Permit. In elektronischer Form werden sie nicht akzeptiert. Besser als eine sind zwei Kredit-Karten, für den Fall der Fälle, denn man weiß ja nie …

Auslandskrankenversicherung

Viele meinen, dass sie durch ihre Kreditkarte ausreichenden Versicherungsschutz haben. Oder dass der Alpenverein mit seiner Auslandsversicherung ausreichend ist. Das ist jedoch nicht der

Fall, denn dieser Schutz gilt nur, wenn man sich nicht länger als drei Monate im Ausland aufhält. Oft ist so eine Versicherung vor allem eine Rückholversicherung d. h. bei einem Unfall oder Krankheitsfall wird man in sein Heimatland zurückgeflogen. Deshalb ist eine Auslandskrankenversicherung unbedingt notwendig. Man muss darauf achten, dass die Kosten für einen Krankenhausaufenthalt auch inkludiert sind, denn ansonsten kann es in den USA extrem teuer werden.

Orientierungshilfen

Guidebooks, Karten, APPs

Als APP verwenden die meisten Hiker Guthook's PCT. Da kann man die Karten auch herunterladen und offline verwenden. Diese APP ist kostenpflichtig, doch diese Ausgabe lohnt sich. Sie enthält Informationen zu Wasserstellen, Zeltplätzen und natürlich auch zu allen Ortschaften, die in erreichbarer Nähe sind. Die Benutzer der APP können aktuelle Informationen zu Wasserquellen etc. direkt in diese APP schreiben.

Guidebooks findet man auf Englisch etliche im Internet. Doch trotz APP und Guidebook sollte man unbedingt auch Karten aus Papier mit sich führen. Nicht immer ist es eindeutig, welche Abzweigung man nehmen muss, und manchmal ist der Trail durch umgestürzte Bäume unpassierbar. Bei Trail-Sperren kann man sich auch nur mithilfe von Landkarten zurechtfinden. Natürlich sollte man wissen, wie man sich mit Kompass und Karte orientieren kann. Die am meisten verwendeten Karten sind die sog. Halfmile's Maps (https://www.pctmap.net/maps/). Diese kann man kostenlos ausdrucken. Für den gesamten PCT ist das ein hübscher Packen an Papier. Man schickt sich immer die für den nächsten Abschnitt benötigten Karten voraus und nimmt ganz sicher nicht alle Karten auf dem ganzen Weg mit.

Bevor man losgeht, stellt man sich die Frage, ob man alleine oder zu zwei oder in einer Gruppe wandern möchte. Manche versuchen, über Internett-Foren wie Facebook einen Wanderpartner zu finden, denn in ihrem Bekannten- und Freundeskreis ist niemand verrückt genug, um von Mexiko nach Kanada zu wandern. Sich mit einen völlig unbekannten Menschen zusammenzuschließen, den man nur aus dem Internet kennt, ist für so ein Unternehmen wie der PCT nicht ratsam. Die meisten PCT-Hiker beginnen allein und schließen sich dann anderen an, die man unweigerlich trifft. Manche bilden eine Art von Gruppe, die als Trail-Familie bezeichnet wird. Egal ob zu zweit oder als Trail-Familie, man wandert eigentlich nie zusammen. Sondern jeder läuft in seinem Rhythmus, aber man verabredet sich, wo man am Abend übernachten möchte, egal ob Zeltplatz oder in einer Stadt. Diese Trail-Familien erinnern mich immer irgendwie an einen Schwarm, Vögel oder Bienen, die zusammen, aber nie ganz gemeinsam unterwegs sind. Eine besondere Herausforderung ist es, mit seinem Partner den Trail zu machen. Ohne Kompromisse wird das nicht gehen. Jeder hat sein eigenes Tempo und seine eigenen Bedürfnisse. 24 Stunden am Tag zusammen zu sein unter teilweise sehr extremen Bedingungen, und das für Wochen und Monate, ist sicher gar nicht einfach. Das kann zu Konflikten und sogar Trennungen führen. Man sollte sich das vorher gut überlegen und auch gemeinsam durchsprechen. Natürlich gibt es auch die Pärchen, die sich am Trail gefunden haben. Doch da ist es etwas anderes, denn frisch Verliebte möchten alles gemeinsam machen und können Schwierigkeiten sehr gut ausblenden. Zumindest eine ganze Zeitlang. Eine Besonderheit von Langstreckenwegen ist es, dass man unterwegs oft einen Trail-Namen bekommt. Das ist kein Kosename, und man kann sich auch selbst keinen aussuchen. Sondern man bekommt ihn von anderen anhand irgendeiner auffälligen Besonderheit, einer Angewohnheit oder eines sonstigen Merkmals.

Kosten für den Thru-Hike

Neben der Ausrüstung fallen natürlich weitere Kosten an. Man darf die Übernachtungskosten nicht unterschätzen. Und wenn man bei jedem Stadtbesuch auch dort übernachtet, kann es recht teuer werden. Um Geld zu sparen, kann man kurz vor der Stadt sein Zelt aufbauen, um dann bereits am Vormittag in der Stadt anzukommen. Dann kann man alles erledigen, wie zur Post gehen, einkaufen, Wäsche waschen und evtl. essen gehen, und ohne Übernachtung zum Trail zurückkehren.

Bei all den logistischen und praktischen Vorbereitungen darf die physische Vorbereitung nicht unterschätzt werden. Man sagt so schön: um sich für eine Weitwanderung vorzubereiten, geh wandern! Das ist aber sehr ernst zu nehmen. Ich denke, man sollte mit einer Art Training spätestens drei Monate vor Start anfangen. Tageswanderungen mit dem Rucksack, den man mitnehmen möchte. Es gibt Menschen, die sind im Winter vor ihrem Start mit ihrem vollen Rucksack ins Fitnessstudio gegangen. Aber das mag nicht jedermanns Sache sein. Untrainiert loszumarschieren, ist nicht nur unvernünftig, sondern auch gefährlich. Auch wenn man sehr schnell eine gute Kondition bekommt, einfach weil man täglich stundenlang unterwegs ist.

Ernährung am PCT

Man sagt auf English: „*Pack light – eat right!*" Das gilt es unbedingt zu beachten. Zwar dauert es in etwa zwei Wochen, bis sich der Körper umstellt, aber dann arbeitet er wie eine Hochleistungsmaschine. Täglich viele Stunden wandern mit einem schweren Rucksack am Rücken ist harte Arbeit. Man kann sich gar nicht vorstellen, wie viele Kalorien man dabei verbraucht. Eigentlich hat man ständig Hunger. Der sog. „*Hiker-Hunger*" bringt einen dazu, in den Städten Unmengen von Nahrung in sich reinzustopfen. Anders kann man es fast nicht ausdrücken. Man isst viel, und vor allem ungesundes Zeug. Weil man darauf Appetit hat und weil es meistens auch nichts anderes gibt. Manche Menschen machen sich vor dem PCT extrem viele Gedanken über die Ernährung: Wie viele Kalorien brauche ich? Wie viele Proteine? Woher bekomme ich meine Mineralien und Vitamine? Es gibt sogar online Kalorienrechner für den PCT. Allgemein kann man diese Fragen nicht beantworten. Alleine der Kalorienbedarf hängt nicht nur von der Bewegung und der Dauer ab, sondern auch vom eigenen Körpergewicht. Die meisten Hiker nehmen unterwegs ab, vor allem am Anfang, bis sie ihre Nahrungsaufnahme bewusst regeln. Es ist sehr schwer, unterwegs frisches Obst und Gemüse zu bekommen. Daher ist es umso wichtiger, in den Ortschaften nicht nur seinen Hunger zu stillen, sondern sich nach gesunden Alternativen umzusehen. Niemand schleppt Obst oder Gemüse im Rucksack mit, sondern es sind Fertigmahlzeiten, Müsliriegel, Pro-Bars mit Protein oder Süßigkeiten. Irgendwann konnte ich all das süße Zeug nicht mehr sehen und bin dann auf Chips umgestiegen, salzig und Kalorien. Doch das ist auch nur vom Geschmack her eine Alternative. Was ich damit sagen möchte ist, dass man sich vorher zwar viele Gedanken machen kann, dann aber darauf angewiesen ist, was man auch kaufen kann und worauf man Appetit hat. Für mich wäre es unvorstellbar, alle Resupply-Pakete im Voraus zu packen und zuschicken zu lassen, denn der Geschmack ändert sich während der langen Wanderung. Außerdem weiß man nie, ob man den gesamten PCT bewältigt. Doch wer möchte dann zu Hause monatelang Trail-Nahrung essen?

Resupply-Strategie

Die Planung des Resupply verursacht bei den meisten Hikern großes Kopfzerbrechen. Wo bekommt man die benötigten Lebensmittel während des PCT? Eine Möglichkeit besteht darin, die Resupply-Pakete vorzubereiten und dann jemanden zu beauftragen, sie anhand eines konkreten Plans abzuschicken. Zwar klingt es praktisch, dass man sich nur sein Paket abholen muss und dann weiterwandern kann, aber so einfach ist das nun doch nicht. Man muss sich gut über die Öffnungszeiten der Post informieren, und nicht wenige Hiker müssen einen oder gar zwei freie Tage in einem Ort verbringen, weil die Post am Wochenende geschlossen ist. Ein weiterer großer Nachteil besteht darin, dass man vor dem PCT nicht so genau weiß, wie viele Lebensmittel man wirklich braucht. Und nicht zuletzt verändern sich auch die Vorlieben, und nach ein paar Wochen hängt einem das Essen zum Hals raus. Eine andere Resupply-Strategie ist eigentlich gar keine, denn man besorgt sich seine Lebensmittel unterwegs. Man will ja sowieso immer wieder mal in eine Stadt und kann die Einkäufe mit anderen Dingen verbinden, z. B. Wäsche waschen und essen gehen. Im Allgemeinen wird eine gemischte Strategie angewandt: Pakete schicken und einkaufen. Einfach deshalb, weil es in manchen Orten nur eingeschränkte Einkaufsmöglichkeiten bzw. überhaupt keine gibt.

Hier kommt eine Liste mit den Orten, wohin sich die meisten Hiker Pakete schicken. Es ist wichtig, sich vorher immer noch einmal über die aktuellen Öffnungszeiten zu informieren. Bei der Beschriftung der Pakete ist Folgendes zu beachten: Man schreibt immer auch das Datum drauf, an dem man voraussichtlich das Paket abholen wird (ETA MM/DD/YY). Hilfreich ist es außerdem, den eigenen Namen auf allen Seiten des Paketes groß draufzuschreiben (PCT-Hiker-Name). Manche kleben auch bunte Sticker drauf oder verwenden Farben, damit man ihr Paket leichter finden kann. Und das ist wirklich hilfreich. Ich habe die Stapel der Pakete in den Postämtern gesehen. Da man die Kartons für USPS Priority Mail verwendet, haben alle dieselbe Größe und sehen alle gleich aus.

Resupply-Orte

In diese Orte schicken sich die meisten Hiker ihre Pakete, weil es dort keine (gute) Möglichkeit zum Einkaufen gibt.

Kalifornien: Warner Springs, Idyllwild, Toulumne Meadows, Sierra City

Oregon: Crater Lake, Shelter Cove, Timberline Lodge, Cascade Locks

Washington: White Pass, Snoqualmie Pass, Skykomish, Stehekin
Es ist wichtig zu wissen, wohin man seine Bounce Box *nicht* schicken darf. Einfach deshalb, weil es keine Möglichkeit gibt, die Box weiterzuschicken. Das sind Orte ohne Postoffice, z. B. Campingplätze oder Lodges in Nationalparks.

Kalifornien
Burney Falls State Park
Oregon
Crater Lake
Shelter Cove
Elk Lake Resort
Timberline Lodge

Washington
White Pass
Snoqualmie

Bounce Box

Was ist das nun wieder? Bounce meint weiterschicken. Das Prinzip ist ganz einfach: Man schickt sich das Paket voraus, holt etwas raus und schickt es dann weiter. Die US Post hat einen interessanten Service: Wenn man das Paket nicht öffnet, kann man es kostenlos weiterschicken (Es muss aber ein Priority Package sein, Priority Mail USPS). Dieses Weiterschicken geht auch anders herum. Konkret meine ich rückwärts. Ich hatte mich mit der zeitlichen Planung vertan und meine Box zu weit vorausgeschickt. Ich konnte mir mein Paket zu einem anderen Ort am Trail schicken lassen. Ganz wichtig ist es, die Tracking-Nummer aufzuheben. Eine sehr freundliche Postmitarbeiterin schaffte es durch ein Telefonat, mein Paket ohne Tracking-Nummer in der nächsten Stadt ausfindig zu machen und mir zuschicken zu lassen. Dann habe ich alle Nummern gut aufgehoben. Ein Paket war trotz Tracking-Nummer unauffindbar. Im Internet stand, es wurde ausgeliefert. Es ist nicht möglich gewesen, das Postamt direkt anzurufen, denn man wird direkt zur Hotline umgeleitet. Eine freundliche Computerstimme will die Tracking-Nummer wissen und kommt zum selben Ergebnis: Das Paket wurde bereits ausgeliefert. Tja, aber nicht mir. An wen? Und wo ist es nun? Die Computerstimme möchte wissen, ob ich mit der Antwort zufrieden sei oder einen Mitarbeiter sprechen möchte. Das könne 30–50 Minuten dauern. Nach 59 Minuten Musik hören in der Warteschleife war ein lebendiger Mensch dran. In zwei Minuten hatte er herausgefunden, wo mein Paket ist, und ich teilte ihm mit, wohin es geschickt werden soll. Was auch problemlos geklappt hat. Ich schreibe das so ausführlich, weil man wissen muss, worauf man sich mit Paketen einstellen muss.

Resupply online

Eine andere, sehr praktische Möglichkeit ist es, den Resupply einfach online zu bestellen. Dazu haben sich mehrere Anbieter spezialisiert. Sie haben Trail-Nahrung im Angebot, aber auch andere Dinge wie Batterien, Ziplockbags etc. Man muss dann auch nicht gleich vier Batterien bestellen, sondern bekommt sie auch einzeln.

https://outdoorherbivore.com/services/zerodayresupply.com
https://www.sonorapassresupply.com/mailed-resupply

Ausrüstung

Elektronische Geräte

Wenn man sich dafür entscheidet, mehrere Monate in der Wildnis zu verbringen, möchte man vielleicht die ganze Zivilisation und ihre Annehmlichkeiten hinter sich lassen. Dazu sollte man sich folgende Fragen stellen: Welche Geräte brauche ich? Welche Geräte möchte ich mitnehmen, und was ist evtl. unbedingt notwendig?

Smartphone

Für die meisten Menschen gehört das Smartphone einfach immer dazu. Man kann damit sehr viel machen. Nicht nur telefonieren. Natürlich ist es praktisch, wenn man von unterwegs ein Zimmer in der nächsten Stadt reservieren kann. Ich hatte mir eine amerikanische SIM-Karte gekauft und war überrascht, wie häufig man, auch weit weg von den Städten, Internetempfang hatte. Auf dem Handy kann man die Guthook's APP runterladen, und im Allgemeinen reicht sie auch für die Orientierung. Ein GPS-Gerät ist für den PCT nicht unbedingt erforderlich. Vielleicht wäre es in der Sierra hilfreich, wenn man im Schnee den Trail nicht mehr findet.

Kamera

Es kommt auf die persönlichen Ansprüche an, ob man mit den Fotos zufrieden ist, die man mit dem Handy machen kann oder doch lieber eine Kamera mitnehmen möchte. Dabei ist zu bedenken, dass man ja immer ein Handy dabeihat und eine Kamera zusätzliches Gewicht bedeutet. Will man aber zu Hause evtl. bei Vorträgen und Präsentationen von seinem PCT-Abenteuer berichten, macht eine gute Kamera sehr wohl Sinn.

Powerbank

Bei meiner Wanderung hatte ich eine Powerbank mit 20.000mA dabei. Sie wiegt 400g und ist wirklich schwer. Da man ja im Schnitt alle 5–7 Tage in einen Ort kommt, reicht sicher eine leichtere Variante mit 10.000mA völlig aus.

Solarpanel

Am PCT hat man im Allgemeinen meistens Sonne und kann ein Solarpanel am Rucksack täglich aufladen. Man sollte sich vorher überlegen, wofür man es braucht und ob eine Powerbank nicht ausreichend ist. Dabei spielt es eine Rolle, ob man nur sein Handy aufladen möchte oder noch andere Geräte wie Mp3 Player, Kamera, Stirnlampe etc.

Mp3 Player

Ich hatte einen Mp3 Player dabei, weil ich den Akku des Handys sparen wollte. Für viele reicht es völlig aus, mit ihrem Handy Musik anhören zu können. Natürlich mag man sich fragen, ob man in der Natur wirklich Musik braucht. Für mich war es schön, abends im Schlafsack vor dem Einschlafen Musik zu hören. Während des Gehens habe ich nur selten Musik gehört. Viele Hiker benutzten ihr Handy auch, um Hörbücher anzuhören.

Personal Locator Beacon

Das ist ein kleines Gerät, mit dem man GPS-Daten senden kann. Das gängigste Gerät ist der SPOT. Bei diesem Gerät muss man sich kostenpflichtig registrieren. Dann kann man es als Tracking-Gerät verwenden, das den Weg aufzeichnet. Das verbraucht aber sehr viel Energie der Batterien. Ansonsten verwendet man es, um sog. OK-Nachrichten zu versenden. Man hinterlegt Telefonnummern oder E-Mail-Adressen, an die dann dieses OK geschickt wird. Es wird eine vorformulierte Nachricht plus GPS-Daten über Satellit verschickt. Doch das wichtigste an diesem Gerät ist ein SOS-Knopf. Diesen kann man nicht aus Versehen drücken, denn man muss vorher eine Klappe öffnen. Dieses SOS ergeht dann direkt an die nächste Stelle, die Notrufe empfangen kann: Alpinpolizei, Feuerwehr, Bergrettung o. a. Nachdem diese den Notruf erhalten haben, wird nach der Person gesucht. Dieses Gerät kann lebensnotwendig sein, wenn man keinen Handyempfang hat.

Zu den Geräten gehören natürlich die entsprechenden Ladekabel und für die USA ein spezieller Stecker. Es ist ratsam, seine Geräte, vor allem das Smartphone, zu kennzeichnen. Denn in vielen Cafés und Restaurants, wo die Hiker sich stärken, hängen unzählige Geräte an den verfügbaren Strombuchsen. Ich nehme an, es ist selbstverständlich, dass man seine Geräte sehr gut gegen Nässe und Staub verpackt, bevor man sie in den Rucksack steckt. Außerdem sollte man darauf achten, die Geräte nicht zuunterst im Rucksack zu haben, da der Rucksack sehr oft auf dem Boden hart abgesetzt wird.

Base Weight

Als Base Weight bezeichnet man das Gewicht des vollen Rucksacks ohne Verpflegung und ohne Wasser. Immer wieder erntete ich ungläubige überraschte Blicke: *„Was? Du kennst dein Base Weight nicht?"* Ja, ich musste zugeben, dass ich weder meine Ausrüstung noch meinen vollen Rucksack jemals gewogen habe. Doch bereits in der ersten Woche habe ich mir den Kopf zerbrochen darüber, was ich aus meinem Rucksack entbehren könnte. Nach jeder Rast erschien er mir beim Aufheben noch schwerer, so, als ob irgendjemand heimlich große Steinbrocken hineingetan hätte. Die meisten Hiker machen sich wegen des Gewichts verrückt: vor und während des Hikes. Natürlich habe ich mich vor dem Start mit diesem Thema ausführlich auseinandergesetzt. Bei der Wahl von Rucksack, Zelt und Schlafsack kann man am meisten Gewicht einsparen. Hier kommen nun meine persönlichen Gedanken und Erfahrungen zur Ausrüstung. Doch ich mache keine Empfehlungen, denn jeder Mensch ist verschieden und hat andere Bedürfnisse.

Rucksack:

Bei meinen früheren Wanderungen hatte ich die unterschiedlichsten Rucksäcke. Doch alle haben bereits leer mehr als ein Kilogramm gewogen. Ich habe mir einen ganz leichten Rucksack von Zpack besorgt und bin damit sehr zufrieden. Für den PCT reichte dieser Rucksack, doch am Camino ist das dünne Außengestell bereits in der ersten Woche gebrochen. Zwar hatte ich nicht mehr Gewicht im Rucksack, doch es war wahrscheinlich eine Überbeanspruchung. Ich erinnere mich, dass ich von diesem Problem bereits in manchen Rezensionen gelesen hatte. Auch in manchen Blogs kam das vor und wie lange es gedauert hatte, bis man von der Firma Zpack dann einen reparierten bzw. neuen als Ersatz für den Rucksack bekam. Natürlich gibt es eine Garantie, doch da ich den Rucksack in den USA bestellt hatte, ist es mir zu umständlich und aufwendig, den Rucksack hinzuschicken.

Schlafsack

Beim Schlafsack habe ich sowohl auf die Temperatur als auch aufs Gewicht (ca. 800g) geachtet. Temperaturen unter dem Gefrierpunkt habe ich nicht erlebt, denn ich habe nicht im Schnee gezeltet. Für die Sierra und den Schnee kann man sich ein Inlet für den Schlafsack besorgen. Ob man einen Daunenschlafsack oder lieber einen aus Kunstfasern möchte, ist eine persönliche Entscheidung, denn beides gibt es für die unterschiedlichsten Temperaturen.

Isomatte

Für die Unterlage gibt es auch einiges zu bedenken. Natürlich zuerst einmal das Gewicht. Da gibt es schon sehr leichte Unterlagen. Man kann wählen zwischen aufblasbaren und Schaumstoffunterlagen. Ich hatte mich für eine Schaumstoffunterlage von Thermarest Z Lite entschieden, die ich außen am Rucksack befestigt hatte. So konnte ich sie auch bei Pausen ganz schnell rausholen. Es gibt auch ultraleichte, aufblasbare Matten. Für mich sprach dagegen, dass ich keine Lust hatte, jeden Abend, nach einem anstrengenden Tag, auch noch eine Luftmatratze aufblasen zu müssen. Doch das Hauptargument dagegen war, dass ich auf vielen Blogs gelesen hatte, dass die Matte ein Loch bekommen hatte. Natürlich hatten die Hiker ein Reparaturset mit dabei, doch wie findet man das Loch, wenn man die Matratze nicht in Wasser tauchen kann? So mussten sie tagelang auf dem harten Boden schlafen, bis sie sich in der nächsten Stadt eine neue Matte besorgen konnten.

Zelt

Beim Zelt waren mir folgende Punkte wichtig: Es sollte ein Zwei-Mann-Zeit sein, denn ich wollte meinen Rucksack und alle meine Sachen im Zelt haben. Ich wollte drinnen aufrecht sitzen können, es sollte zwei Zeltplanen haben und freistehend sein. Viele Hiker benutzen ein sog. Tarp. Es ist nur eine Plane und wird mit den Trekkingstöcken aufgebaut. Doch immer wieder gab es Probleme, weil ein Trekkingstock gebrochen war. Auch ist ein Tarp bei starkem Wind schwer zu sichern, wenn der Boden sehr hart und steinig ist. Ich hatte mich für das Zelt Big Agnes Cooper Spur 2 entschieden und bin absolut davon begeistert. Gewicht 1,2 kg. Zu Hause habe ich es aufgebaut, na ja, versucht, es ohne Anleitung aufzubauen, und irgendwie sah es merkwürdig aus. Beim zweiten Versuch klappte es schon besser. Eigentlich ist es auch ganz einfach, denn alles ist mit Grau und Orange gekennzeichnet. Die orangefarbenen Enden der Stangen kommen in die orangenen Löcher der Zeltplane. Also wirklich einfach. Ich wollte am ersten Abend vom PCT unbedingt am Zeltplatz sein, damit ich evtl. jemanden um Hilfe bitten kann. Und was war? Wir kamen so spät an, dass ich das Zelt im Dunkeln aufbauen musste. Nur gut, dass ich das zu Hause schon zweimal probiert hatte. Die dritte Nacht war extrem windig, und die Zeltplanen flatterten sehr laut. Davongeflogen bin ich nicht. Beim Zeltaufbauen ist immer ein kleiner Stab übrig geblieben. Keine Ahnung, wofür der ist. Doch dieses Modell ist sehr beliebt, und an manchen Abenden standen fünf, sechs solcher orange-weißer Zelte nebeneinander. Da sah ich, wie jemand sein Zelt aufstellte und den kurzen Stab zum Stabilisieren durch die anderen Stäbe schob. Tja, danach hatte ich auch keine Probleme mehr mit starkem Wind. Aus Gewichtsgründen hatte ich darauf verzichtet, eine Zeltunterlage mitzunehmen. Doch so etwas wiegt wirklich nur ein paar Gramm und ist absolut zu empfehlen. Unterwegs suchte ich nach einer passenden Unterlage, doch ich konnte keine in der richtigen Größe finden. In einem Sportgeschäft zeigte mir die Verkäuferin einen roten Regenponcho in einer Hiker-Box (Das ist ein Karton, in dem man Dinge hineinlegt, die man nicht mehr benötigt). Ich habe ihn mitgenommen und als Unterlager verwendet. Das Zelt wird einfach weniger schmutzig oder nass. Außerdem bietet eine Unterlage einen gewissen Schutz vor Löchern. Auf dem Camino habe ich dann mehrere schwarze Müllsäcke als Unterlage verwendet. Viele Hiker verwendeten Zeltunterlagen aus Folien vom Bauhaus. Sollte ich wieder einen Trail machen, werde ich mir die passende Unterlage (Footprint) bestellen. Diese Ausgabe lohnt sich auf jeden Fall.

Bekleidung

Schuhe und Socken

Die wichtigsten Bekleidungsstücke sind sicher die Schuhe. Da kann man sehr viel falsch machen. Das muss man dann mit leidvollen Erfahrungen ausbaden. Wichtig ist zu wissen, dass die Füße beim Wandern anschwellen und größer werden. Daher sollte man die Schuhe unbedingt mindestens eine Nummer größer kaufen. Falls man zu Hause bereits mit orthopädischen Einlagen unterwegs ist, muss man die unbedingt mitnehmen. Schuhe aus Gore Tex sind für den PCT ungeeignet, zumindest für die ersten 700 Meilen durch die Wüste. Die Füße schwitzen und sind daher ständig nass. Selbst wenn man die Socken regelmäßig wechselt, kommt es unweigerlich zu Blasenbildung. Knöchelhohe Wanderschuhe sind ebenfalls ungeeignet, da sie meistens zu schwer sind. Wenn man mag, kann man solche Schuhe für die Sierra Nevada verwenden, da man dort häufig für den Schnee Steigeisen benötigt. Für den ganzen PCT verbraucht man 4–5 Paar Schuhe. Weil das Profil abgelaufen ist oder die Schuhe einfach kaputt sind. Bei meinen Schuhen hatte ich an den Fersen häufig ein Problem, da die Schuhe hintern kaputt gegangen sind und ich dann sofort Blasen bekommen habe. Ich musste neue besorgen, obwohl die Schuhe ansonsten noch in Ordnung waren.

Bei Socken muss jeder selbst ausprobieren, welche für ihn geeignet sind. Viele schwören auf zwei Lagen. Also erst dünner aus Baumwolle und darüber Wollsocken. Andere verwenden doppellagige Socken, die dieses Prinzip in sich vereinigen. Andere verwenden Zehensocken, bei denen jede Zehe extra ist. Ich habe trotz allen Methoden immer Blasen bekommen, bis ich mir andere Schuhe zugelegt habe. Für Trail-Wanderer wurden eigene Schuhe entwickelt, die vorne sehr weit und luftdurchlässig sind. Man schwitzt kaum, und auch nach Flussüberquerungen sind sie schnell wieder trocken. Kaum hatte ich diese Schuhe, waren Blasen kein Problem mehr für mich. Die Schuhe sind von Altra. Ich bin dann immer mit dünnen Baumwollsocken gelaufen (https://www.altrarunning.eu/de/). Vor allem für die Wüste ist es sinnvoll, Gamaschen zu verwenden, damit man nicht ständig Sand in die Schuhe bekommt. Sand in den Schuhen und Socken verursacht schnell Blasen. Für die Trails wurden in den US spezielle Gamaschen entwickelt. Man befestigt sie an der Ferse am Schuh und ganz vorne an den Schuhbändern. Die Schuhe von Altra haben diese Befestigungseinrichtungen schon von vornherein impliziert. Die Gamaschen heißen Dirty Girl Gaiters und sind natürlich nicht nur für Mädchen. Wichtig ist es, auf die Schuhgröße zu achten. Im Allgemeinen fallen sie etwas kleiner aus (https://dirtygirlgaiters.com/).

Hosen

Sehr praktisch sind Wanderhosen mit abnehmbaren Beinen. Manche Wanderer bevorzugen Leggins. Ich bin sowohl am PCT als auch den gesamten Camino in kurzen Hosen gewandert. Ich finde es praktisch, dass in diesen Hosen eine Art Unterhose drin ist. Man spart sich also Unterwäsche. Ich habe immer zwei Hosen abwechselnd getragen und abends gewaschen. Für die Sierra Nevada braucht man wärmere Sachen, evtl. Skiunterwäsche.

T-Shirts, Hemden, Pullis

Auf dem PCT habe ich ein langärmeliges Wanderhemd mit hohem UV-Schutz verwendet, während ich am Camino nur mit T-Shirt bekleidet war. Pullover oder Sweatshirt hatte ich keines mit, nur eine Softshell-Jacke. Für die Sierra Nevada hatte ich eine ganz leichte Daunenjacke dabei, die ich aber nie verwendet habe.

Bekleidung zum Schlafen und für die Stadt

Egal wofür man sich entscheidet, ob man in kurzer Hose mit T-Shirt oder in warmen Sachen schläft, man sollte nie mit denselben Kleidungsstücken in den Schlafsack schlüpfen, mit denen man draußen unterwegs war. Manche Hiker hatten auch spezielle Bekleidung für Stadtbesuche dabei. Man mag das für überflüssiges Gewicht halten, aber es ist schon praktisch, etwas zum Anzuziehen zu haben, wenn die gesamte andere Kleidung in der Waschmaschine ist. Natürlich kann man solche Stadtkleidung auch in der Bounce Box vorausschicken.

Regenbekleidung

Ob man eine Regenjacke mit Regenhose verwendet oder lieber einen Poncho, ist Geschmackssache. Ich hatte einen Regenponcho mit, den ich auch über den Rucksack ziehen konnte. Da man mit Regensachen immer sehr schwitzt, habe ich auf die Regenhose verzichtet. Auch unter dem Poncho war ich schnell nassgeschwitzt, aber es war wenigstens nicht kalt.

Kopfbedeckung und Sonnenschutz

Gegen die Sonne muss man unbedingt einen Hut oder eine Schirmmütze aufsetzen. Manche haben auch für den Nacken eine Bedeckung verwendet. Ich hatte keine Mütze mit, aber gegen Kälte und Wind einfach ein Stirnband aufgesetzt. Das passt auch unter einen Hut. Was zwar merkwürdig aussieht, aber praktisch ist. Eine Sonnenbrille ist auch sehr zu empfehlen, da die Sonne in der Wüste sehr intensiv ist, ebenso in den Bergen. Viele Hiker waren auch mit einem Sonnenschirm unterwegs. Mir war das zu umständlich und zu viel Gewicht. Ich habe auch etliche Hiker gesehen, die hatten jeden Fleck ihrer Haut bedeckt: lange Hosen, lange Ärmel, Handschuhe und ein Tuch um den Kopf und das

Gesicht. Gegen die Sonnenstrahlung mag das ja gut sein, aber ich könnte mir vorstellen, dass man entsetzlich schwitzt.

Trekkingstöcke

Nicht jeder Hiker hatte welche mit. Ich bin es gewohnt, in den Bergen mit Stöcken unterwegs zu sein und habe deshalb auch welche verwendet. Meine Wanderstöcke sind über zehn Jahre alt und sehr stabil, was man von den modernen Teleskop-Trekkingstöcken nicht behaupten kann. Häufig gibt es Probleme damit. Diese Stöcke verbiegen sich und brechen sehr leicht. Wenn man sich überlegt, auf Stöcke zu verzichten, sollte man bedenken, dass Flussüberquerungen ohne Stöcke nicht nur schwieriger, sondern auch gefährlicher sind.

Bärenkanister

Vielen ist bekannt, dass es auf dem PCT keine Grizzly-Bären gibt sondern nur Schwarzbären, aber sie wissen nicht, dass Bären 50-mal so gut riechen können wie Hunde. Meilenweit wittern sie also Essbares. Im Frühjahr, wenn die Hiker in den Bärengegenden eintreffen, erwachen die Bären aus dem Winterschlaf und sind also sehr hungrig. Normalerweise vermeiden die Bären ein Zusammentreffen mit Menschen. Man sollte also immer irgendwelche Geräusche machen, damit ein Bär nicht erschrickt, wenn plötzlich ein Mensch in seiner Nähe auftaucht. Hungrige Bären und Bären mit Jungen sind also gefährlicher als satte Einzelgänger. Um Bären nicht durch den Geruch anzulocken, sind in einigen Gebieten Bärenkanister vorgeschrieben. Von Kennedy Meadows Meile 702,2 bis Sonora Pass Meile 1016,9. Diese Bärenkanister gibt es in zwei unterschiedlichen Größen. Bei der Auswahl sollte man nicht ausschließlich auf das Gewicht des Kanisters achten, sondern auch das Fassungsvermögen bedenken. In den Kanister passen nicht nur alle Lebensmittel rein, sondern auch alle Toilettenartikel, wie Zahncreme, Zahnbürste, Sonnencreme etc., einfach alles, was irgendwie riecht. Da man den Kanister erst in der Sierra Nevada benötigt, ergibt es keinen Sinn, einen Kanister im Internet zu bestellen, der meistens in den USA hergestellt wird. Ihn nach Europa schicken zu lassen und dann wieder mit in die USA zu nehmen. Viele Hiker bestellen ihn online und lassen ihn direkt nach Kennedy Meadows schicken. Dort gibt es auch die Möglichkeit, sich einen solchen Kanister auszuleihen. Vielleicht eine gute Idee, denn was macht man nach der Sierra mit dem Kanister? Natürlich kann man auch versuchen, einen von Privat zu kaufen und danach auch wieder zu verkaufen. Eine wichtige Regel für Bärengebiete ist das „Dreieck". Man stellt sein Zelt an der einen Ecke auf, dann, in einiger Entfernung, isst man sein Abendessen, und in der dritten Ecke wird danach der Bärenkanister gut platziert, sodass er nicht davonrollen kann. Es gibt Erzählungen, dass beobachtet wurde, wie ein Bär mit so einem Kanister gespielt hat. Das Öffnen des Kanisters stellt nicht nur für Bären eine Herausforderung dar. Eine deutsche Hikerin hatte sich einen Kanister nach Hause bestellt, und beim Zoll am Flughafen gab es Schwierigkeiten, weil sich der Kanister halt nicht so leicht aufmachen lässt (https://bearvault.com/).

Reiseapotheke und Medikamente

Auch wenn jeder Hiker darauf bedacht ist, möglichst wenig in seinem Rucksack zu haben, gehört eine Apotheke unbedingt dazu. Ein Minimum an Verbandsmaterial ist ein Muss. In einem Hotel am Cajon Pass traf ich einen älteren Hiker. Bei einem Sturz hatte er sich an der Stirn eine Platzwunde zugezogen. Er erzählte mir, dass zwar etliche Hiker vorbeigekommen sind, doch niemand hatte Verbandsmaterial mit. Ich halte das für sehr unvorsichtig und vielleicht auch sehr egoistisch. Selbst für eine Tageswanderung sollte man Pflaster, Desinfektionsmittel und Verbandsmaterial im Rucksack haben. Für den PCT kommt noch einiges dazu: eine Antibiotikumsalbe, Wunddesinfektionsmittel, Blasenpflaster, Tape, Sonnencreme und Insektenschutzmittel. Außerdem Schmerztabletten, ein Mittel gegen Durchfall, evtl. auch gegen Verstopfung. Hilfreich kann es sein, auch ein Antibiotikum mit zu haben, denn man kommt oft nicht so schnell in eine Apotheke, wie man es vielleicht nötig hätte. Im Allgemeinen erreicht man alle 5–7 Tage eine Ortschaft, sodass man von allem nur kleine Mengen mit sich rumtragen muss. Falls man regelmäßig Medikamente benötigt, nimmt man immer nur eine Teilmenge mit. Die anderen Tabletten schickt man sich in einer Bounce Box voraus. Außerdem ist es hilfreich, ein Originalrezept für verschreibungspflichtige Medikamente dabeizuhaben bzw. jemanden, der das Rezept bei Bedarf zuschicken kann. Da mein Paket eine Weile unauffindbar war, habe ich versucht, in einer Apotheke meine Tabletten zu besorgen. Doch ohne ein Rezept habe ich die Tabletten nicht bekommen. Auch Toilettenpapier und/oder Papiertaschentücher sollten nicht fehlen. Hier möchte ich noch einmal darauf hinweisen, dass man verpflichtet ist, das benutze Papier mitzunehmen. Für alle, die dieses Papier nicht in durchsichtige Plastiktüten stecken möchten, ist es ein guter Tipp, sich unterwegs einfach mit sog. Doggy-Bags zu versorgen. Plastiktüten, die man oft sogar kostenlos bekommen kann. Damit kann man nicht nur Hundehaufen aufsammeln, ohne sich dabei schmutzig zu machen. Beim Start an der mexikanischen Grenze habe ich von den Trail Angels etliche Stücke bekommen.

Wasser am PCT

Das Thema Wasser beschäftigt die Hiker zwar während des gesamten PCT, aber es gibt Abschnitte, wo es besonders wichtig ist, nicht nur in der Wüste. Eine gute Planung ist lebenswichtig. Es gibt Abschnitte auf dem PCT, wo es ca. 45 km lang kein Wasser gibt. Eine wichtige Frage ist: Wie viel Wasser braucht man? Die allgemeinen Angaben lauten: ein Liter pro vier Meilen. Andere sagen, ein Liter pro fünf Kilometer. Dazu kommt noch ein Liter für die Mahlzeiten pro Tag. Sicher ist der Wasserbedarf aber sehr individuell und kann nicht verallgemeinert werden. Die obigen Angaben sollen nur als Richtlinie dienen. Doch wo findet man nun Wasser am Trail? Es mag überraschen, doch auch in der Wüste gibt es unzählige Flüsse. Dann gibt es Zisternen und andere Wasserbehälter. An öffentlichen Picknickplätzen findet man oft Wasserhähne. Und auf Trail-Abschnitten ohne Wassermöglichkeiten gibt es sogenannte „Water Caches". Dort gibt es Wasser in Vier-Liter-Plastikkanistern. Jeder Hiker darf sich seine Wasserflaschen auffüllen, aber pro Person nur vier Liter. Diese Caches werden von Trail Angels betreut. Sie transportieren das Wasser hin und holen die leeren Kanister wieder ab. Doch man sollte sich niemals auf eine Water Cache verlassen, denn manchmal ist das Wasser verbraucht. Eine wichtige Informationsquelle bietet die APP von Guthook's. Noch aktueller ist die Seite des Water Reports. Dort kann jeder reinschreiben, welche aktuelle Situation am Trail vorgefunden wurde.

https://www.pcta.org/discover-the-trail/backcountry-basics/water/pct-water-report/
https://pctwater.com/

Nun zur Wasserqualität. Bereits an der Farbe des Wassers lässt sich die Qualität erkennen. So sind Algen immer ein Zeichen für schlechte Wasserqualität. Wasser aus stehenden Gewässern ist immer mit Vorsicht zu genießen. Auch Gewässer in der Nähe von Kühen. Das Wasser kann dann mit gefährlichen Bakterien wie Gardia kontaminiert sein. Es reicht schon eine einzige Kuh, die Gardiabakterien hat, um eine ganze Stadt damit zu infizieren. Also immer auch auf Kot achten. Es sollte selbstverständlich sein, dass man seine „Geschäfte", groß und klein, weit abseits von Wasserquellen hinterlässt. Außerdem sollte man sich und natürlich sein Essgeschirr nicht in einem Fluss oder See waschen, selbst wenn man keine Seife verwendet. Algen lieben Seife und auch Sonnencreme und vermehren sich dementsprechend schnell, wenn sie das im Wasser vorfinden. Fließendes Gewässer ist immer besser als stehendes. Auch ist der Abfluss eines Sees dem Zufluss vorzuziehen. In einem See steht das Wasser lange, und viele schwere Teilchen, auch Gardiabakterien, sinken nach unten. Durch die Sonneneinstrahlung und das UV-Licht werden Keime abgetötet. Jedes Wasser sollte gefiltert werden, ausgenommen die Water Caches. Manche Hiker verzichten darauf und nehmen das Risiko von Durchfall in Kauf. Manches Mal reicht selbst Filtern nicht aus. Als ich am ersten Abend den Zeltplatz von Lake Morena erreichte, waren überall Hinweisschilder, dass man wegen Coli-Bakterien das Wasser abkochen muss. Nur, was macht man, wenn man keinen Kocher dabeihat? Mithilfe von chemischen Mitteln wie Jodine oder Chlorine dioxide (bekannt als Micropur) kann man das Wasser auch trinkbar machen, aber alles, was im Wasser schwimmt, jegliches feste Teilchen, bleibt erhalten.

Filter-Systeme

Ein häufig verwendeter Filter ist von der Firma Sawer Squeeze. Eine andere Marke ist Katadyn BeFree Water Filter. Der Filter wird auf die Flasche geschraubt, und man kann dann direkt daraus trinken oder das Wasser durch den Filter in eine andere Flasche drücken.

Trinkbeutel oder Flaschen?

Sollte man Trinkbeutel oder lieber Flaschen verwenden? Da Wasserbeutel immer wieder mal ein Loch bekommen können und ich das Risiko nicht eingehen wollte, dass meine Sachen im Rucksack nass werden, habe ich Flaschen verwendet. Die Smartwater-Bottles sind sehr beliebt (https://www.drinksmartwater.com). Sie passen gut in die Außentaschen vom Rucksack. Manche Hiker sind sehr sparsam. Sie füllen diese Flaschen immer wieder auf, und Flaschen sahen dementsprechend unappetitlich aus. Aus hygienischen Gründen habe ich meine Flaschen immer wieder mal durch neue ersetzt. Während eines Tages durch die Wüste musste ich etliche Flüsse überqueren, und zum Schuhean- und -ausziehen nahm ich den Rucksack ab. Am Nachmittag stellte ich fest, dass ich eine volle Flasche verloren hatte. Nun hatte ich nur noch drei Liter. Das wäre nicht ganz so schlimm gewesen, denn es gab etliche kleine Bäche. Aber bis zur nächsten Stadt konnte ich halt nur noch drei Liter auffüllen.

Kocher

Für Kocher und Kochgeschirr gibt es eine große Auswahl, und man kann Passendes für seine Bedürfnisse finden. Braucht man nur einen Topf, um Wasser zu erhitzen, reichen 500 ml. Will man aber darin richtig kochen, sollte der Topf einen Liter umfassen. Die meisten Hiker kochen Wasser und füllen es dann in die Verpackung ihrer Fertigmahlzeit. Sie essen dann auch aus der Packung. Dadurch spart man sich das Geschirrwaschen. Was nicht nur eine Arbeitserleichterung, sondern eine Wasserersparnis ist. Wenn man Gewicht sparen möchte, gibt es auch die Möglichkeit des „cold soaking". Man schüttet die Fertigmahlzeit in ein Glas und gibt kaltes Wasser dazu. Dann lässt man das Ganze 15–20 Minuten ziehen. Solche Mahlzeiten sind sehr gewöhnungsbedürftig.

Hygiene am Trail

Manch einer mag denken, dass Hygiene in der Wildnis unwichtig sei. Doch ich bin anderer Meinung. Hygiene bedeutet nicht nur Sauberkeit, sondern ist auch sehr wichtig für die Gesundheit. Ich war immer wieder sehr erstaunt, wie schmutzig viele Hiker waren. Ja, man schwitzt, und der Staub ist überall. Doch manche Hiker kamen in einem Ort verschwitzt und dreckig an und haben den Ort genauso wieder verlassen. Das muss nicht sein und wirft ein ungutes Bild auf Hiker allgemeinen. Ich erinnere mich an eine Mittagspause an einem Brunnen im Wald. Zuerst habe ich mir die Hände und das Gesicht gewaschen und danach gemütlich gegessen. Ich habe mich gefragt, warum man an einer Wasserquelle mit absolut dreckigen Händen essen muss. Selbst ohne Wasserquelle kann man sich mit Feuchttüchern ein wenig säubern. Auch in der Wüste habe ich selten trocken gecampt. Meistens gab es einen Bach. So konnte ich mich fast täglich waschen. Natürlich wird man den Staub ohne Seife kaum los, aber ich schlafe trotzdem besser, wenn ich wenigstens den Schweiß abgewaschen habe. Auch wenn man eine Seife dabeihätte, ist es selbstverständlich, dass man sie weder am Bach noch sonst wo in der Wildnis verwenden darf. Am Bach wäscht man sich immer unterhalb der Stelle, wo man sich das Trinkwasser holt. Sauberkeit ist bei den Füßen besonders wichtig. Auch wenn es wenig Wasser gibt, sollte man sich die Füße abspülen und von Schweiß und Sand befreien, denn damit beugt man Blasen vor. Wenn bereits Blasen vorhanden sind, ist Sauberkeit besonders wichtig, vor allem wenn die Blasen offen sind. Fußhygiene bedeutet auch, dass man sich um seine Fußnägel kümmert. Eingewachsene oder zu lange Nägel können große Probleme verursachen. Ob man einen Nagelknipser oder eine Schere verwendet, ist Geschmacksache, aber es ist rücksichtsvoll, wenn man seine Fußhygiene abseits von anderen Hikern macht. Haare waschen am Trail ist nicht so einfach, vor allem, wenn man lange Haare hat. Nur mit kaltem Wasser werden sie nicht richtig sauber. Ich habe sie mir sehr kurz schneiden lassen und konnte sie ab und zu im Waschbecken einer öffentlichen Toilette waschen. Dort gibt es auch immer einen Seifen-Spender. Auf Zeltplätzen habe ich mir etwas aus den Seifenspendern auf ein Papierhandtuch getan und in der Dusche verwendet. Die Papierhandtücher sind erstaunlich reißfest. Da ich ohne Handtuch unterwegs war, habe ich mich damit auch abgetrocknet. Für mich gehörte zur Routine, täglich zweimal die Zähne zu putzen. Das geht auch mit wenig Wasser aus der Trinkflasche. Neben der Körperhygiene habe ich meine Socken und Unterwäsche sehr häufig gewaschen, alles andere immer, wenn ich in einem Ort war. Spätestens beim Wäschewaschen wurden meine Hände und Fingernägel wieder richtig sauber. Zum Thema Hygiene bei der Menstruation weiß jede Frau, welche Methode sie bevorzugt. Ein Handdesinfektionsmittel leistet hier gute Dienste.

Trail Angels und Trail Magic

Was versteht man unter Trail Angels? Wahrscheinlich gibt es dafür sehr verschiedene Antworten. Doch die einfachste Erklärung lautet: Trail Angels sind Menschen, die den Hikern in irgendeiner Weise helfen und sie unterstützen. Das kann z. B. gleich zu Beginn des PCT sein. Etliche Trail Angels bieten Fahrten zum Southern Terminus an. In San Diego gibt es ein Ehepaar, das seit vielen Jahren während der ganzen Hiker-Saison die unterschiedlichsten Dienste anbietet: Sie holen die Hiker vom Flughafen ab, helfen ihnen bei der Komplettierung der Ausrüstung, indem sie sie zum Ausstattergeschäft fahren oder mit ihnen eine amerikanische SIM-Karte für ihr Handy besorgen. Sie haben Kartons zu Hause, in denen die Hiker ihre Sacken packen und zur Post bringen können. Außerdem bietet diese Familie die Möglichkeit zum Übernachten und Mahlzeiten sowie den Shuttle zum Terminus an. Und das alles ist kostenlos. Hiker aus den USA können zwei Nächte bleiben, aus Übersee sogar drei. Auf dem gesamten Trail gibt es immer wieder Trail Angels. Oft sind es Personen, die bereits Teile oder den gesamten PCT gewandert sind. Andere Menschen wohnen einfach so nah am Trail, dass bei ihnen im Sommer die Hiker in großer Zahl vorbeikommen. Daraus hat sich dann ein Angebot entwickelt. Je nach Möglichkeiten bieten sie Fahrdienste oder Übernachtungsmöglichkeiten an. Bei ihnen im Haus oder im Garten können Zelte aufgebaut werden. Eine warme Dusche und Waschmaschine werden oft angeboten. Es gibt Listen von den Trail Angels (http://trailangellist.org/pacific-crest-trail/). Und man kann dann anrufen, um eine Fahrgelegenheit in die Stadt oder zurück zum Trail zu erhalten. Bei dieser Liste handelt es sich um eine informelle Auflistung aller Personen, die darum gebeten haben, auf dieser Liste aufgenommen zu werden. Jeder Hiker möge die normale Vorsicht walten lassen bei unbekannten Personen. Es gibt auch eine facebook–Gruppe: https://www.facebook.com/groups/PacificCrestTrailAngels/

Offizielle Seite der PCT Association:
https://www.pcta.org/discover-the-trail/thru-hiking-long-distance-hiking/trail-magic-and-trail-angels/

Trail Angel und Trail Magic

Was versteht man darunter? Für viele Hiker klingen diese beiden Begriffe wie Musik in den Ohren. Wenn man sich mit Rucksack Meile für Meile abmüht, kommt man sich fast wie im Himmel vor, wenn plötzlich Trail Magic auftaucht. Das sind die unvorhersehbaren Überraschungen, die freundliche Menschen den Wanderern bereiten. Das können Kühlboxen sein, in denen sich Snacks und kalte Getränke befinden. Das können aber auch einfach nur Wasserflaschen sein in Gegenden, wo es kaum Wasser gibt. Manche Wanderer haben auch von Solarpanels erzählt, an denen man sein Smartphone aufladen kann. Praktisch und sehr nett ist es auch, wenn jemand einfach den Abfall der Hiker mitnimmt. Trail Magic kann aber auch ein Barbecue sein, dessen Duft nach Gegrilltem man schon von Weitem in der Luft riechen kann.

Trail Angels sind alle jene guten Geister, die die Thruhiker unterstützen. Oft handelt es sich dabei um Personen, die in früheren Jahren selbst den Trail gewandert sind. Es sind freundliche Menschen, die die PCT-Hiker unterstützen. In San Diego gibt es ein Ehepaar, das seit vielen Jahren die Wanderer vor ihrem Start beherbergt, vom Flughafen abholt und dann zum Southern Terminus bringt. Ein anderes Ehepaar macht nur Transportdienste. Ich wurde von Larry und seiner Frau Katharina vom Hotel abgeholt und zum Startpunkt gefahren. Die erzählten mir, dass sie vor Kurzem eine junge Frau hingebracht hatten, und drei Tage später rief sie an und wollte vom Lake Morena abgeholt werden, weil sie abbrechen möchte. Bis zum Lake Morena sind es gerade mal 20 Meilen.

In Idyllwild fand mich ein Trail Angel vor dem Postamt. Ich stand ratlos herum, da ich keine Unterkunft reserviert hatte. Er fuhr mit mir nacheinander drei Hotels bzw. Lodges ab und wartete mit dem Auto, bis ich endlich ein Zimmer hatte. Er war ein „offizieller" Trail Angel und gab mir seine Karte, falls ich noch mal Hilfe benötigen würde. In der Lodge erwiesen sich die Besitzer als Engel: Sie telefonierten rum, bis sie einen Arzt gefunden hatten, der mich noch drannimmt. Sie haben mich hingefahren, abgeholt, zur Apotheke gebracht und zurück zur Lodge gefahren.

In Big Bear Lake rief ich einen Trail Angel an. Sie sagte zu, mich am Mittwoch um 8:30 Uhr zum Trail zu bringen. Ich solle sie am Dienstagabend anrufen und erinnern. Tja, da hieß es dann: „*Sorry I cannt do it*". Als ich am Mittwoch in der Früh kein Taxi fand, schulterte ich meinen Rucksack und biss die Zähne zusammen und marschierte los. Ich sagte zu mir: „*That's part of the game!*"

In einem Restaurant fragte ich nach Transportation in der Hoffnung, ein freundlicher Mensch würde mich hinbringen. Leider ohne Erfolg. Also ging ich weiter an der Straße entlang. In einer Seitenstraße hielt ein Auto. Ein grauhaariger Mann fragte mich: „*You need a ride?*" Er sah nicht zum Fürchten aus. Ich stieg ein und erfuhr, dass er in dem Gasthaus gefrühstückt hatte und mich gehört hatte. Er brachte mich zum Parkplatz, wo der Trail begann. Wir hatten noch ein längeres Gespräch, auch mit seiner Frau, über sein Handy mit Lautsprecher. Auch er ist häufig als Trail Angel unterwegs.

Dann gibt's auch noch die Freiwilligen, die den Trail reparieren. Ich traf eine Gruppe von ihnen. Ich sagte zum einen: „*Thank for your work!"* Und er antwortete: *"Thank you for hiking!"* Beim Weitergehen traf ich eine Frau und sagte wieder: *"Thank you for your work!"* Und wieder dieselbe Antwort: *"Thank you for hiking!"* So viele freundliche Menschen unterstützen uns Hiker.

Danke Larry, Richard, Eddie und wie ihr alle heißen mögt!

Menschen am PCT

Als ich am PCT unterwegs war, begegnete ich unzähligen Menschen: Da waren zwei deutsche junge Frauen, die sich Gedanken über ihre berufliche Zukunft machten, da war ein freundliche Ehepaar aus Seattle (die Frau hatte mir Socken geschenkt und später auch meine Füße verbunden), sie waren mit ihrem silbernen Sonnenschirm unterwegs, dann der Engländer, der jeden Fleck seiner Haut abgedeckt hatte als Schutz vor der Sonne, der pensionierte Polizist der Highway Patrol, der mir erzählte, dass er ganz sicher keine Angst vor dem Trampen hätte, ein Amerikaner, der oben am Rucksack einen kleinen Stuhl mit sich trug, ein junges Pärchen, dass so viele Blasen an den Füßen hatte, dass sie tagelang nur noch in Crocs gelaufen sind, dann der alte Mann, der nach einem Sturz mit einer blutenden Wunde am Kopf in der Rezeption eines Hotels auf einen Trail Angel gewartet hat, die belgische Studentin, die sagte, dass sie nur deshalb den Trail wandert, weil sie die Natur und die Landschaft genießen möchte, die Meilen sind für sie unwichtig, zwei junge Männer aus Israel, die mir erzählten, dass sie den Israel national Trail gemacht hatten. Sie schrieben eifrig etliche deutsche Wörter und Begriffe, die sie sich merken wollten, in ihre Handys. Ich lernte auch eine jung Jüdin kennen, die alles dransetzte, noch rechtzeitig zum Passahmahl in die jüdischen Gemeinde des kleinen Ortes zu gelangen. Eine deutsche 50-Jährige, die zwar alleine gestartet war, aber eigentlich immer jemanden suchte und brauchte, der für sie alles organisiert und plante und mit dem sie reden konnte. Mehrmals traf ich eine junge Frau aus der Schweiz, die extrem dünn war. Man war wirklich erstaunt, dass sie ihren dicken Rucksack überhaupt hochheben konnte. Dann war da noch ein pensionierter Amerikaner, der den PCT letztes Jahr aus gesundheitlichen Gründen abbrechen musste und der ihn nun von Anfang bis Ende laufen möchte, da ist noch ein weiterer Amerikaner, der letztes Jahr tausend Meilen gegangen war, dann aber aufgehört hatte, weil er unterwegs über 25 Pfund an Gewicht verloren hatte und einfach zu schwach zum Weitergehen war. Der Mann aus Südkorea, der mit seinem weißen T-Shirt immer bereits von Weitem zu erkennen gewesen ist. Ein deutscher Lehrer, der den ganzen Trail einfach nur als Urlaub betrachtete.

Tiere am PCT

Wenn man an Wildnis denkt, fallen einem viele Tiere ein, denen man auf dem PCT begegnen kann. In der Wüste sind das vor allem die Klapperschlangen, die vielen Hikern Angst machen. Rein statistisch betrachtet ist noch kein einziger PCT-Hiker an einem Klapperschlangenbiss gestorben, jedoch eigentlich jeder hat welche gesehen. Wichtig ist es, dass man auf diesem Abschnitt des PCT ohne Musik und ohne Kopfhörer unterwegs ist. Das Geräusch der Klapperschlange ist nicht zu überhören. Was macht man also, wenn ein solches Tier mitten am Weg liegt und klappert? Auf keinen Fall versuchen, die Schlange mit dem Treckingstock zu verscheuchen, denn dann ist man einfach zu nah dran. Anschreien hilft auch nichts, denn die Klapperschlange hört nichts. Durch Steinewerfen sie verscheuchen wollen macht sie nur ärgerlich. Also am besten wartet man in einer sicheren Entfernung darauf, dass die Schlange verschwindet. Diesen Rat habe ich befolgt. Zuerst die Schlange aus sicherer Entfernung fotografiert und dann gesagt: „*Bitte nach Ihnen!*" Als das Tier sich gemütlich von einer auf die andere Seite bewegt hat, habe ich noch eine ganze Weile gewartet und geschaut, ob es wirklich verschwunden ist und nicht auf der anderen Seite wartet. Ich habe auch noch etliche andere Schlangen gesehen. Ein Trail Angel hat mir den Unterschied zwischen Klapperschlangen und andern Schlangen ausführlich erklärt. Viele Schlangen haben ovale Köpfe, Klapperschlangen haben dreieckige. Doch ich habe erwidert: *„Eine Schlange ist eine Schlange, und ich behandle alle mit Abstand und Vorsicht!"* Interessant war auch die Information, dass die frisch geschlüpften Klapperschlangen am gefährlichsten sind. Sie wussten nicht, wie man beißt und halten also alles für gefährlich. Ausgewachsene Klapperschlangen können beißen, ohne Gift zu spritzen. Eines Abends, vor dem Ins-Zelt-Kriechen, wollte ich noch schnell auf die Toilette gehen. Doch bevor ich mich zwischen zwei großen Steinen erleichtern konnte, sah ich eine dünne kleine Schlange. Sie züngelte mich an, so, als wollte sie mir sagen: *„He, das hier ist nicht deine Toilette!"* Schnell suchte ich mir einen anderen Ort und nahm mir vor, nicht so unachtsam zu sein beim nächsten Mal. Neben den Schlangen gibt es auch Skorpione in allen Größen, aber ich habe keinen gesehen. Im Spätsommer bekommt man es dann mit den winzigen Mücken zu tun, die absolut lästig, aber ungefährlich sind. Eidechsen gibt es in vielen Farben und Größen. Eine Eidechse hat mich beeindruckt. Sie war zu schnell, um sie zu fotografieren. Sie hatte einen blauen Schwanz. Es gibt auch Eidechsen mit Hörnern, die sehr merkwürdig aussehen. An manchen Stellen kann man auch in einen Bienenschwarm geraten. Hilfreich sind die Infos von anderen Hikern, die sie in die Guthook's APP oder den Water-Report reinschreiben. Dann gibt es Vögel in vielen bunten Farben. Welche mit rotem Bauch, aber auch blau schillernde. Und ihr Gesang unterscheidet sich sehr von dem europäischen Gezwitscher, das mir gut bekannt ist. Kleine Säugetiere begegnen einem immer wieder. Gleich am ersten Tag waren es etliche Hasen. dann natürlich die Eichhörnchen und Mäuse, aber auch Murmeltiere und Waschbären. Große Bären habe ich nicht gesehen. Am PCT gibt es keine Grizzlys, sondern nur Schwarzbären. Verhaltenstipps für Begegnungen mit Bären findet man viele im Internet. Nicht rennen oder auf Bäume klettern, denn das können die Bären auch sehr gut. Wirklich wichtig ist es aber, seine Lebensmittel bärensicher zu verstauen. Für die Sierra Nevada ist ein Bärenkanister vorgeschrieben, doch auch auf anderen Abschnitten des PCT werden immer wieder Bären gesichtet, z. B. in der Gegend von Big Baer Lake, aber auch beim Baden Powel. Auf den Zeltplätzen gibt es Bärenboxen, in denen man seine Lebensmittel verstauen kann. Ist man abseits von Zeltplätzen, sollte man den Essenssack aufhängen. Auch dafür findet man Anweisungen und Tipps im Internet. Viele Hiker haben Angst vor Mountain Lions, auch bekannt als Berglöwe oder Puma. Dazu kann ich nur eines sagen: auf keinen Fall rennen! Das reizt den Jagdinstinkt. In der Nähe von Idyllwild habe ich zum ersten Mal Kojoten gesehen, gehört hatte ich sie bereits am ersten Tag in der Nähe von Lake Morena. Zuerst dachte ich, es wären einfach nur wilde Schäferhunde. Es war ein Rudel, das versuchte, ein Eichhörnchen zu erwischen. Manche Hiker hatten auch schon unliebsame Begegnungen mit Kühen, doch mir sind keine begegnet.

Hunde am PCT

Wer sich fragt, ob er den PCT auch mit seinem Hund machen kann, dem sei gesagt, dass es keinem Hund zuzumuten ist, solch eine lange Strecke zu laufen. Ich habe schon Videos gesehen, aber vom Appalachen Trail, wo Hunde mitmarschiert sind und ihre eigenen Rucksäcke getragen haben. Ich liebe Hunde und hatte im Laufe des Lebens bereits fünf eigene Hunde. Und wer seinen Hund liebt, der lässt ihn zu Hause oder bei Freunden. Es ist auch zu bedenken, dass man den Hund in der Wildnis immer an der Leine führen muss, was für das Tier und für den Wanderer sicher sehr anstrengend ist. Und nicht zuletzt sei gesagt, dass Hunde in viele Nationalparks nicht mitgenommen werden dürfen. Also für kurze Wanderungen auf ausgewählten Wegen kann ein Hund ein netter Begleiter sein, aber für den PCT-Thru-Hike nicht.

Leave no tracks rules

Das heißt, hinterlasse keine Spuren. Dazu findet man online bei der PCT Association ausreichend Informationsmaterial.

Bleibe auf dem Trail. Benutze Zeltplätze, die vorgesehenen Zeltplätze bzw. Stellen, die durch das Zelten nicht beschädigt werden, also einen festen Untergrund, nimm deine Abfälle alle wieder mit. Zelte mindestens 200 Meter von Bächen und Seen entfernt. Wasche dich oder das Geschirr niemals mit Seife in der Natur. Hol dir Wasser aus dem Bach oder See und wasche dich und das Geschirr abseits und nicht direkt in der Wasserquelle. Als Toilette muss man ein Loch machen, mindestens 12–15cm tief, und dann alles wieder bedecken. Das Toilettenpapier gehört nicht ins Loch, sondern muss eingepackt werden. Rücksichtnahem auf andere Menschen ist ebenso selbstverständlich wie gegenüber den Wildtieren. Also niemals mit lauter Musik unterwegs sein. Leave no tracks meint auch, dass man Feuer nur an vorgesehenen Feuerstellen macht und danach auch absolut auslöscht. Am besten erst mit Wasser löschen und dann mit Erde bedecken. Unbedingt kontrollieren, ob nicht irgendwo eine Glut besteht. Es ist ebenso selbstverständlich, dass man keine Pflanzen oder Blumen mitnimmt.
https://www.pcta.org/discover-the-trail/backcountry-basics/leave-no-trace/
https://lnt.org/get-involved/training-courses/online-awareness-course/
https://lnt.org/online_awareness_html5/

Zu viel Wasser

Es gibt nicht nur ein zu wenig, sondern auch ein zu viel an Wasser. Damit sind die unzähligen Flussüberquerungen gemeint. Es lässt sich nicht vermeiden, selbst in der Wüste von Südkalifornien muss man viele Flüsse überqueren. Daher ist es wichtig, sich bereits vorher Gedanken darüber zu machen. Wie und wo überquert man einen Fluss am besten? Wichtig ist es, die Schuhe anzubehalten. Es können spitze oder scharfe Steine im Wasser sein, und außerdem kann man ohne Schuhe leicht ausrutschen. Manche Hiker ziehen aber vorher ihre Socken aus. Überquerungen in Sandalen, Flipflops oder Crocs sind daher nicht zu empfehlen. Hilfreich ist es, wenn man Trekkingstöcke hat und immer das Drei-Punkt-System anwendet: immer mit drei Beinen im Wasser sein. Also bevor man einen Fuß bewegt, immer mit den Stöcken absichern. Doch vor jeder Überquerung sollte man sich einen Überblick verschaffen: Wo geht es am einfachsten? Wo ist der Fluss ruhiger oder weniger tief? Wenn ich falle und weitergetrieben werde, wie sieht da der Fluss aus? Oft ist das nicht unbedingt dort, wo der Trail an den Fluss führt. Vor der Überquerung steckt man am besten sein Smartphone und den Fotoapparat in den Rucksack und achtet darauf, dass nicht allzu viele Sachen am Rucksack baumeln. Die elektronischen Dinge sowie Schlafsack und Bekleidung sollten sowieso immer in wasserdichten Säcken sein. Damit man vom schweren Rucksack nicht unters Wasser gezogen werden kann, löst man alle Gurte, mit denen man den Rucksack am Körper befestigt hat. Wenn man alleine überqueren muss, ist besondere Vorsicht geboten. Man schaut flussaufwärts, überquert immer flussabwärts unterhalb von Hindernissen, die sich im Waser befinden und vermeidet Stromschnellen. Eine bewährte Methode ist es, den Fluss zu dritt in einem Dreieck zu überqueren, wobei sich immer nur einer bewegt. Wenn man eine ganze Gruppe ist, kann man eine Linie bilden, und an jedem Ende befindet sich einer der stärkeren Hiker. Hilfreich ist es auch, die Tageszeit zu beachten. Da durch die Sonne im Laufe des Tages mehr Schnee schmilzt, schwellen die Flüsse also auch untertags extrem an. Also macht man sich am besten bereits frühmorgens auf den Weg. Immer wieder findet man kleine Brücken aus Baumstämmen, die über dem Fluss liegen. Auch da verschafft man sich erst einmal einen Überblick: Wie dick ist der Stamm? Biegt er sich durch, wenn man draufsteigt? Wenn man abrutscht, wo landet man? Wichtig ist auch, dass man seine Fähigkeit zum Balancieren richtig einschätzen kann. Für Ungeübte gibt es auch die Methode, sich hinzusetzen, ein Bein links, eines rechts und dann vorwärts rutschen. Ich hatte das Balancieren zu

Hause geübt, doch wenn der Stamm zu rutschig oder schwankend war, sagte ich mir: Augen auf und durch! Und dann ging ich halt nicht über, sondern durch den Fluss rüber ans andere Ufer. Es gibt aber sicher auch Situationen, in denen man das Risiko als zu groß einschätzt. Dann sollte man immer noch andere Optionen haben als eine gefährliche Überquerung. Immer darauf achten, dass man genug Essen dabeihat und eine Karte für einen Umweg. Es hilft niemandem, wenn man meint, man musste da durch. Sicherheit geht immer vor. Ja, es sind bereits etliche Hiker bei Flussüberquerungen ums Leben gekommen!
https://www.pcta.org/discover-the-trail/backcountry-basics/water/stream-crossing-safety/

Posthike Depression

Auf den ersten Blick mag es seltsam erscheinen. Warum sollte jemand nach dem PCT eine Depression bekommen? Nach 5–6 Monaten in der Wildnis, endlich raus aus den Klamotten, die man wochenlang getragen hat. Eine heiße Dusche, neue Kleidung, ein warmes weiches Bett, Freunde und Familie treffen. All das klingt doch wirklich erstrebenswert und gut. Doch kommt es nicht selten vor, dass Hiker große Probleme haben, wieder zurück in den normalen Alltag zu finden. Sie fühlen sich einfach fehl am Platz. So, als ob man nicht mehr in die normale Gesellschaft passen würde. Oder man versteht die Welt um sich herum nicht mehr. Warum rennen die Menschen so durch die Straßen? Warum schauen sie nur auf ihre Smartphones? Warum gibt es überall Plastik, Farben, Werbung und Lärm? Man sehnt sich nach Stille, nach dem Rauschen des Baches oder den Wind in den Blättern. Ja, sogar nach dem Regen auf dem Zeltdach. Manche schlafen nach wie vor lieber auf ihrer Isomatte statt im Bett oder stellen sogar ihr Zelt im Garten auf. Sie können es nicht aushalten, viele Menschen um sich zu haben und empfinden den Lärm der Städte als extrem anstrengend. In vielen Tätigkeiten können sie keinen Sinn mehr erkennen, und es fällt ihnen schwer zu verstehen, wozu man all die vielen Gegenstände braucht. Sie vermissen die Natur, die Stille, ihre Trail-Familie und ihre Freiheit. Zurück im Alltag, fehlt ihnen die Bewegung, und durch die Nahrungsumstellung nehmen sie schnell an Gewicht zu, wodurch sie noch träger werden und sich unwohl fühlen. Natürlich trifft das nicht auf alle zu. Trotzdem sollte man darauf vorbereitet sein und sich bereits vorher Strategien überlegt haben, wie man dem vorbeugen kann bzw. damit umgehen soll. Und zwar schon vor dem Trail. Vielleicht macht man schon ganz konkrete Pläne für die Zeit nach dem PCT. Eines ist absolut klar: Man ist nachher nicht mehr derselbe Mensch. Man hat sich verändert, ob man das wahrhaben will oder nicht.

Wichtig ist es, auch weiterhin in Bewegung zu bleiben. Laufen, Schwimmen, Radfahren oder sich einem Gemeinschaftssport anschließen. Bei der Ernährung viel frisches Obst und Gemüse, statt leere Kohlenhydrate zu essen. In der ersten Zeit unbedingt auch darauf achten, wir viele Kalorien man zu sich nimmt, denn es dauert eine Weile, bis sich der Körper von einer Hochleistungsmaschine zurück zum normalen Verbrauch umgestellt hat. Während der Wanderung pumpt der Körper ständig Endorphine in alle Zellen. Man fühlt sich high und vielleicht auch unverwundbar. Dieses Hoch geht natürlich verloren, sobald der Trail beendet ist. Viele Hiker stellen fest, dass in ihrem Umfeld bald niemand mehr Interesse an ihren Erzählungen hat. Daher ist es wichtig, den Kontakt zu anderen Hikern aufrechtzuerhalten, denn diese haben ja ähnliche Erfahrungen gemacht. Hilfreich ist es auch, sich die Fotos anzusehen und in den Tagebuchaufzeichnungen zu schmökern. Und nicht zuletzt planen viele bereits ihren nächsten Trail, denn Wandern kann süchtig machen. Wichtig ist es vor allem, Geduld zu haben, Geduld mit sich, aber auch mit der Zeit, die verstreichen muss, bis man wirklich wieder im Alltag angekommen ist. Man kann sich auch ein neues Hobby suchen. Viele Hiker, vor allem in den USA, möchten gerne etwas zurückgeben von dem, was sie erlebt, empfangen haben und arbeiten dann als Trail Angels. Manche helfen, den Trail zu reparieren, andere leben in der Nähe eines Trails und unterstützen die Hiker mit vielen praktischen Hilfen. Es gibt etliche Tipps, doch wenn die nicht helfen, sollte man sich nicht scheuen, auch professionelle Hilfe in Anspruch zu nehmen.

Scheitern

Keine Ahnung, wie viel Zeit noch vergehen muss, bis ich das Erlebnis verarbeitet habe, das zum Abbruch von meinem PCT geführt hat. Es sind sehr viele unterschiedliche Gefühle. Ein großer Teil gehört zur Traumatisierung. Doch da ist auch eine große Traurigkeit und das Gefühl des Scheiterns. *„Ich habe es nicht geschafft!"* Zwei lange Jahre habe ich mich intensiv darauf vorbereitet und mich darauf gefreut. All die schönen Berglandschaften habe ich nicht gesehen. Meine Kinder waren so stolz auf mich, und ich habe sie enttäuscht. Ja, ich weiß, der PCT ist ein sehr großes Unternehmen. Weit mehr als ein Abenteuer. Das Gefühl zu scheitern ist mir bisher erspart geblieben. Ich habe keine Übung im Umgang damit. Natürlich könnte man sagen: Dass es nicht beim ersten Mal klappt, ist nicht schlimm. Doch für mich ist es klar: Ich werde keinen zweiten Versuch unternehmen. Mein Traum ist geplatzt, und das tut weh.

Camino de Santiago

Bevor man beschließt, den Camino zu „machen", sollte man wissen, dass viele Wege nach Santiago führen. Und alle heißen *Camino de Santiago*, so wie sie in Europa alle „*Jakobsweg*" genannt werden. Manche Menschen erzählen, dass sie auf dem Jakobsweg unterwegs waren. Das muss aber keinesfalls bedeuten, dass

sie nach Santiago gewandert sind. Seit dem Mittelalter, eigentlich seit man das angebliche Grab vom Apostel Jakobus gefunden hat und ihm eine Kirche in Santiago gebaut hat, sind immer unzählige Menschen nach Santiago gepilgert. Inzwischen sind diese historischen Wege weitgehend erforscht und beschrieben. Man kann häufig ganz einfach von seiner Haustür in Deutschland, Österreich oder der Schweiz losmarschieren, um auf dem Jakobsweg unterwegs zu sein.
http://www.jakobswege-europa.de/wege/
https://www.pilgern.ch/jakobsweg/karte/

Jakobswege in Spanien

Jakobswege, die in Santiago enden, gibt es mehrere. Der kürzeste Camino ist der *Camino Portugues*. Er ist für Einsteiger gut geeignet, da er mit 240 km in 10–14 Tagen bewältigt werden kann und meistens sehr flach verläuft. Da seine Infrastruktur immer mehr verbessert wurde, ist er inzwischen sehr beliebt. 14% der Pilger nehmen diese Route nach Santiago. Der bekannteste Weg ist der *Camino Frances*. Für die ca. 800 km benötigt man ca. fünf Wochen. Zwar gibt es sehr viele Herbergen, doch in den Sommermonaten sind auch diese oft heillos überfüllt. Wenn man aber in der Nebensaison wie Frühling oder Herbst unterwegs ist, findet man immer eine Übernachtungsmöglichkeit. Der *Camino Primitivo,* ca. 300 km, ist noch wenig bekannt, und deshalb ist man da sehr allein unterwegs. Die Natur reizt so manchen Pilger, aber dieser Weg ist anspruchsvoll, denn einerseits liegen die Herbergen weiter aus- einander und andererseits sind sehr viele Höhenmeter zu bewältigen. Der Längste ist der *Via de la Plata* (Silberweg). Seine ca. 1000 km werden nur von 3,5% aller Pilger gewählt. Der Camino del Norte mit seinen 850 km ist kürzer, aber durch die vielen Höhenmeter auch sehr anspruchsvoll.
https://www.jakobsweg.de/vergleich-der-jakobswege/

Der Camino del Norte

Der Camino de la Costa (*Küstenweg*) ist nach dem Camino Primitivo der ältesten Jakobsweg nach Santiago de Compostela. Er führt im Norden Spaniens an der Atlantikküste entlang. Der ca. 850 km lange Küstenweg beginnt in Irun an der spanisch-französischen Grenze und durchquert die nördlichen spanischen Regionen Baskenland, Kantabrien, Asturien und Galicien (durch die Städte Bilbao, Santander und Oviedo). Man braucht dafür 5–6 Wochen.

Das galicische Teilstück ab der Brücke in Ribadeo (190 km von Santiago de Compostela entfernt) wird auch als *Camino del Norte* bezeichnet. In Arzúa (38 km vor Santiago de Compostela) trifft er auf den Camino Francés, die Hauptroute des Jakobsweges. Eine Variante des Camino de la Costa stellt ab Oviedo (ca. 300 km von Santiago de Compostela entfernt) der *Camino Primitivo* dar, der in Palas de Rei (68 km vor Santiago de Compostela) auf den Camino Francés trifft.

Der Camino del Norte wird nur von etwa 6% aller Jakobspilger verwendet. Doch er wird immer beliebter. Das liegt einerseits an der herrlichen Küstenlandschaft, andererseits aber auch daran, dass er gut markiert ist und ein gutes Netz an Unterkünften hat. Doch all das darf nicht darüber hinwegtäuschen, dass es im August sehr schwer ist, in einer Herberge ein Bett zu ergattern. Ab Bilbao wird es besser. Neben den Herbergen gibt es natürlich auch Pensionen und Hotels. Doch die sind für viele Pilger einfach zu teuer und im Hochsommer auch oft ausgebucht. An der Küste findet man auch unzählige Campingplätze, die meistens von Surfern genutzt werden. Um im Sommer eine Alternative zu haben, falls die Herbergen alle voll sind, ist es also auch sinnvoll, ein Zelt mitzunehmen. Das bedeutet natürlich mehr Gewicht und sollte deshalb vorher gut überlegt sein. Man braucht keinen Campingführer, denn die meisten Zeltplätze sind in Google Maps eingezeichnet. Etliche Campingplätze bieten auch einige Betten für Pilger an.

Herbergen am Camino

Zuerst muss man wissen, dass es unterschiedliche Arten der Unterkünfte gibt. Da sind einmal die *offiziellen Pilgerherbergen* (Spanisch: Albergues). Diese Herbergen haben eine standardisierte sehr einfache Ausstattung. In den Reiseführern findet man keine Telefonnummern, denn man kann sein Bett nicht vorher reservieren, sondern es geht nach dem Prinzip: „*First come, first serve!*" Sie sind mit sechs Euro die billigsten Unterkünfte.

Dann gibt es die *privaten Pilgerherbergen*. Manche sind auf Spendenbasis, andere verlangen einen fixen Preis pro Bett. 12–14 Euro. Häufig kann man dort auch ein Frühstück bekommen. Was unterschiedlich viel kostet zwischen 3,50 Euro und 5 Euro. In manchen Herbergen wird auch ein Abendessen angeboten.

Eine andere Möglichkeit ist es, in *privaten Touristenherbergen* zu übernachten. Sie kosten in etwas dasselbe wie private Pilgerherbergen. Und auch die Möglichkeit, ein Abendessen und/ oder Frühstück zu bekommen, gibt es dort im Allgemeinen. Im Gegensatz zu den öffentlichen Herbergen kann man private Herbergen vorher reservieren. Das nimmt den Stress und die Angst, nicht zu wissen, wo man schlafen kann. Man muss nicht bereits zu Mittag seine Tagesetappe beendet haben und vor der Herberge auf die Öffnung zu warten. Für mich war diese Art zu pilgern gewöhnungsbedürftig. Ich hatte ein anderes Bild im Kopf. Man wandert, so weit man kann oder Lust hat, und dann, am Nachmittag und Abend, sucht man sich eine Herberge. Doch das funktioniert nicht. Ich war am Anfang überrascht zu sehen, dass in einer leeren Herberge die Rucksäcke auf ihre Besitzer warteten, die erst am Abend ankamen. Neben den organisierten Pilgergruppenreisen gibt es auch von unterschiedlichen Anbietern die Möglichkeit des Gepäcktransportes von Herberge zu Herberge. Dann ist man nur mit einem Tagesrucksack unterwegs. Was natürlich eine große Erleichterung ist. Manche Pilger sehen auf solche Pilger herab und bezeichnen nur sich als „*richtige Pilger*". Ich denke, dass jeder seinen eigenen Camino läuft, wie er möchte. Warum sollte ich etwas beurteilen oder gar verurteilen? Auch die Menschen, die den Camino als Urlaub oder sportliche Herausforderung ansehen, mit oder ohne Gepäck.

Meine Erfahrungen in den Herbergen

Bevor ich losging, hatte ich viele Vorurteile gegenüber den Herbergen. Ich fand sie nur abschreckend. Viele Menschen auf engem Raum, wenig Sauerstoff, viele Menschen schnarchen, und dazu noch die Bettwanzen – nein, das wollte ich mir nicht antun. Ja, Schnarcher haben mich oft um den Schlaf gebracht, doch Bekanntschaft mit Bettwanzen musste ich zum Glück nicht machen. Das kleine Mädchen, das ich in Santiago kennengelernt habe, hatte an beiden Armen unzählige Wanzenbisse. Die sehen anders aus als Mückenstiche. Deutsche Pilger hatten berichtet, dass sie den Camino Frances wegen der Bettwanzen vorzeitig abgebrochen hatten. In fast allen Herbergen sind die Matratzen und Kissen mit einem abwaschbaren Plastiküberzug versehen. Man bekommt einen Matratzen- und Kissenüberzug aus einem papierartigen Material. Ich hatte einen Schlafsack mit und verwendete die Wolldecken nicht. Was mich absolut überrascht hat war die Rücksichtnahme in den Schlafsälen. Das Licht wurde pünktlich um 22 Uhr gelöscht. Wenn jemand noch etwas im Rucksack suchte, wurden Taschenlampen am Handy oder Stirnlampen verwendet. Ebenso in der Früh. Jeder versuchte, so leise wie möglich zu sein. Natürlich hörte man das Rascheln, wenn die Pilger frühmorgens ihre Rucksäcke packten. Oft nahmen sie diese sogar raus vor die Tür, um die Schlafenden nicht zu stören. Durch die Handywecker war man meistens sowieso bereits wach. Gespräche wurden im Aufenthaltsraum geführt. Es wurde nicht einmal geflüstert. Diese Rücksichtnahme habe ich aber nur am Camino del Norte erlebt. Kaum hatte sich unser Camino mit dem Camino Frances vereinigt, war damit Schluss! Ab da erlebte ich sehr laute und rücksichtslose Menschen in den Herbergen. Warum das so ist – keine Ahnung.

Liste der Herbergen:

https://jakobsweg-kuestenweg.de/camino-del-norte-herbergen/
http://www.jakobus-info.de/jakobuspilger/96-spain-norte.htm
https://www.jakobus-franken.de/fileadmin/user_upload/jakobus-gesellschaften.de/Pilgerwege/Spanien/Kuestenweg/UEbernachtungsverzeichnis_Camino_del_Norte.pdf

Verpflegungsmöglichkeiten am Camino

Im Gegensatz zum Pacific Crest Trail muss man seine Lebensmittelvorräte nicht mitschleppen, denn man findet unterwegs immer irgendwelche Einkaufsmöglichkeiten. Na ja, das stimmt nicht ganz so. Es gibt schon Etappen, auf denen man erst nach 20 km wieder etwas Essbares auftreiben kann. Nicht immer sind es Lebensmittelgeschäfte, aber dafür gibt es Bars und Cafés, eigentlich auch in den kleinen Ortschaften. Doch man muss beachten, dass die Spanier andere Essgewohnheiten haben als Deutsche oder Österreicher. Bis zu Mittag findet man Möglichkeiten, etwas zu essen, aber dann wird es schwierig. Sehr oft fand ich im Ort kein Restaurant oder eine Imbiss-Stube, wo ich am Nachmittag oder frühen Abend essen konnte. Die meisten Lokale öffnen nicht vor 20 Uhr, manche sogar noch später. Für mich war das oft ein Problem. Denn einerseits mag ich nicht so spät essen, und andererseits wollte ich oft die Herberge am Abend nicht mehr verlassen. Wasser ist im Gegensatz zum PCT kein Problem. Man muss keine großen Mengen mitschleppen. Da man das Wasser nicht aus Bächen holen muss, braucht man auch kein Filtersystem mitzunehmen. Das Leitungswasser ist trinkbar. Trotzdem verwenden viele Pilger lieber Mineralwasser. Dann müssen sie aber auch mehr schleppen, denn man findet zwar häufig Wasserhähne am Weg, aber nicht immer Läden. Es gibt freundliche Menschen, die Wasserflaschen vor ihren Grundstücken platzieren oder Hinweise auf Wasserhähne in ihren Gärten. Ich habe immer Leitungswasser getrunken und nie irgendwelche Bauchprobleme bekommen.

Pilgerpass

Der Pilgerpass, auch Credencial del Peregrino genannt, ist ein Pilgerausweis, der vom Pilgerbüro der Kathedrale in Santiago de Compostela ausgestellt wird. Es gibt viele verschiedene Pilgerpässe, doch nur dieser wird im Pilgerbüro in Santiago auch anerkannt. Man braucht den Pilgerpass zum Übernachten in den Herbergen. Aber vor allem dient er als Nachweis, dass man den Camino auch tatsächlich „gemacht" hat. Man sammelt also Pilgerstempel, mindestens einen pro Tag, für die letzten 100 Kilometer sogar zwei Stempel pro Tag. In den Herbergen, aber auch Hotels und auf Campingplätzen bekommt man für die Übernachtung einen Stempel. Ansonsten kann man in Cafés und Restaurants danach fragen. Auf dem letzten Wegstück kann man seinen Pilgerpass fast überall stempeln lassen. Sogar Privatpersonen haben manchmal sehr originelle Stempel anzubieten. Bei vielen Jakobsgemeinschaften kann man den Pilgerpass gegen eine Spende erhalten. Sie tragen dann alle Daten, wie Namen des Pilgers, Anfangsort und Name des Caminos, ein. Dazu gibt's den Stempel dieser Jakobsgemeinschaft und eine laufende Nummer. Ich habe mir gleich zwei Pässe mitgenommen, da man für den gesamten Pilgerweg mehr Stempel bekommt, als Platz vorgesehen ist.

Die Compostela

Im Pilgerbüro legt man diesen Pilgerpass vor (Credencial), um sich seine Compostela ausstellen zu lassen. Damit wird bestätigt, dass man die Voraussetzungen erfüllt hat und den Camino tatsächlich auch gegangen ist. Man wird auch gefragt, ob man den Weg aus religiösen Gründen gewandert ist. Doch das wird dann nur in der Liste der Pilger angekreuzt, für Statistikzwecke. Wer möchte, kann sich auch noch eine andere Pilgerurkunde ausstellen lassen. Diese ist aber kostenpflichtig. Im Pilgerausweis ist vermerkt, wann man den Weg wo begonnen hat. Als Enddatum wird der Tag genommen, an dem man im Pilgerbüro ist. Auf dieser Urkunde steht dann der Name des Jakobsweges, z. B. Camino del Norte, und die Kilometeranzahl.

Orientierung am Camino

Viele Pilger benutzen nur einen Wanderführer und kommen damit gut zurecht. Nachdem ich mich einmal wirklich total verlaufen hatte, habe ich mir dann doch die kostenlose APP Buen Camino auf mein Smartphone runtergeladen. Diese APP hat für alle Jakobswege in Spanien recht gute Karten. Man sieht auch Alternativrouten und die Herbergen. Sehr praktisch ist es, dass man über die Herbergen alle wichtigen Informationen findet, wie Anzahl der Betten und Öffnungszeiten sowie Kontaktmöglichkeiten, um Reservierungen vorzunehmen. Für Spanien muss man sich keine spanische SIM-Karte kaufen, denn man hat für die meisten Handynetze einen guten Empfang. Doch unbedingt darauf achten, dass man an seinem Handy das Roaming eingeschaltet hat, denn sonst könnte es sehr teuer werden. Bei den telefonischen Reservierungen ist es hilfreich, oft auch unbedingt notwendig, dass man sich auf Spanisch verständigen kann.

Für Deutsche ist das Buch bzw. der Film „*Ich bin dann mal weg!*" eine Art Einstieg in den Jakobsweg. Sie waren erstaunt, dass ich das nicht kannte. Für Amerikaner ist es der Film „*The Way*", der sie auf die Idee bringt, den Camino zu machen. Der deutsche Film handelt von einem Menschen mit Burn-out, der amerikanische von einem Vater, dessen Sohn am Camino in den Pyrenäen gestorben ist und der deshalb selbst den Camino läuft. Ich habe lange nach dem Film „The Way" gesucht. Auch den Film „*Ich bin dann mal weg!*" habe ich mir angesehen. Doch den habe ich als abschreckend empfunden, während der andere mehr Tiefe hat und sicher inspirierend ist für viele. Man muss aber keinen von beiden sehen, bevor man lospilgert. Ich habe mir beide auch erst nach meiner Rückkehr angesehen.

Pilgern – wandern

Bevor man diskutiert, wer ein „*richtiger*" Pilger ist, muss man erst einmal klären, wodurch sich Pilgern vom Wandern oder Spazierengehen unterscheidet. Die lateinische Wortbedeutung von Pilger ist, „*peregrinus*", Fremdling, in der Fremde sein. Was ist der Unterschied zwischen einer Pilgerreise oder einer Wallfahrt? Bei einer Wallfahrt sind die Dauer, das Ziel und das Anliegen genau festgelegt. Beim Pilgern ist nur das Ziel klar. Die Dauer und die Gründe sind sehr unterschiedlich. Ein Aspekt ist sicher auch das Kennenlernen von neuen Kulturen und Menschen. Pilgern war und ist also immer auch ein Abenteuer. Das Unterwegssein in der Natur führt häufig auch zu spirituellen Erfahrungen, jenseits irgendeiner Religion.

Manche Menschen meinen, Pilgern ist nur etwas für Katholiken. Dem ist zu entgegnen, dass in allen Religionen gepilgert wird. Wer pilgert, unternimmt eine längere Reise, meistens zu Fuß, mit dem Ziel eines heiligen Ortes. Das können Orte sein, die in ihrer Religion eine Rolle spielen wie Tempel oder Gräber, aber auch Berge, Flüsse etc. Eng verbunden mit Pilgern war und ist die Reliquienverehrung. Unterwegs werden häufig Gebete gesprochen oder andere Rituale ausgeführt, z. B. Kerzen anzünden. Für die Moslems ist Mekka das Ziel ihrer Pilgerreise,

Juden pilgern nach Jerusalem, früher zum Tempel, nach dessen Zerstörung zu den Resten des Tempels, zur Klagemauer. Buddhisten pilgern an Orte, wo Buddha tätig war, und Hindus pilgern zu heiligen Flüssen. Für religiöse Menschen kann eine Pilgerreise auch eine Art Buße oder ein Gelübde sein, das sie Gott gegeben haben. Im Gegensatz zur gängigen Meinung sind das Erreichen von Santiago und die Compostela nicht mit Sündenvergebung verbunden. Viele meinen, wenn man nach Santiago de Compostela gepilgert ist, werden die Sünden vergeben. Das stimmt so nicht. Sünden werden auch in Santiago nur katholischen Christen vergeben, die vorher bei einem Priester gebeichtet haben. Daher waren seit Martin Luther bei den evangelischen Christen Wallfahrten und Pilgerreisen verpönt.

Heutzutage pilgern auch nicht religiöse Menschen. Sie wollen Abstand zu ihrem Alltag bekommen, vielleicht eine Entscheidung treffen oder über den Verlust eines lieben Menschen hinwegkommen. Für manche ist es aber nicht mehr als eine reine Freizeitbeschäftigung, eine sportliche Herausforderung, ein Austesten der eigenen Grenzen. Diese Menschen genießen es, nicht lange zu planen. Sie können die Infrastruktur der Pilgerwege in Anspruch nehmen. Die Wege sind gut ausgeschildert, und man findet im Allgemeinen auch immer eine Unterkunft. Man kann also so eine Wanderung ohne langes Planen sehr kurzfristig unternehmen. Pilgern ist immer eine individuelle Erfahrung und eine Art Reise zu sich selbst. Das *„Auf dem Weg sein"* ist zu einem Lebensmotto geworden. *„Einmal Pilger – immer Pilger!"*

Doch eines gilt heute wie früher: *„Gehen ist des Menschen beste Medizin!"* Das sagte Hippokrates, ein Arzt, bereits in der Antike (460.377 v. Chr.). Es stimmt eindeutig: Gehen, Wandern tut Leib und Seele gut, unabhängig davon, warum man aufgebrochen ist.
https://de.wikipedia.org/wiki/Pilger

Tagebuch Camino del Norte

Als ich nach drei Monaten aus den USA zurückkam, hatte ich immer noch keine Wohnung und fuhr also erst einmal zu meiner Tochter in die Schweiz, um sie mit ihrer neu geborenen Tochter zu unterstützen. Doch sehr schnell merkte ich, dass die Familie sehr gut ohne mich zurechtkommt. Und ich spürte, dass ich gehen muss, im wahrsten Sinne des Wortes: wandern, laufen, unterwegs sein. Ich hatte mich bereits über andere Trails informiert, aber alle benötigen eine Vorbereitungszeit. Vor dem PCT wurde mir immer wieder gesagt, ich könne ja auch den Jakobsweg gehen. Und ich hatte mich immer heftig dagegen gewehrt. Nein, niemals! Da sind mir zu viele Leute, da kommt man dauernd durch Orte durch und muss sehr oft auf Straßen laufen. Und dazu die überfüllten Herbergen, mit all den Schnarchern und Bettwanzen. Nein, den Jakobsweg gehe ich niemals! Als ich so bei meiner Tochter in der Wohnung saß und nachdachte, kam ich wieder auf den Jakobsweg. Ich fand heraus, dass es viele unterschiedliche Wege gibt und sah Videos vom Camino de la Costa. Das waren schöne Bilder, und ich recherchierte weiter, ob man mit Zelt unterwegs sein kann. Tja, nicht nur im Reiseführer konnte ich lesen, dass *richtige* Pilger in den Herbergen übernachten, ansonsten wäre man ja ein Tourist. Ich bestellter einen Reiseführer bei Amazon, kaufte eine Zugfahrkarte und holte mir am letzten Tag aus einem Buchladen noch einen zweiten Reiseführer. Man kann ja nie wissen. Und los ging es über Paris bis zur französisch-spanischen Grenzstadt Hendaye. Das Umsteigen in Paris ist mehr als unangenehm, denn man muss von einem Bahnhof zum anderen quer durch die ganze Stadt. Zuerst muss man herausfinden, mit welcher Metro man fahren muss. Tja, leider muss man auch dabei noch umsteigen. Vor den Fahrkartenschaltern und Automaten gibt es lange Schlangen. Dann ist es schwierig, mit dem dicken Rucksack durch die automatischen Türen zu kommen, denn die Iso-Matte ist einfach zu breit, und man bleibt stecken. Beim nächsten Mal bin ich durch die Tür für Kinderwagen gegangen. Es ist erstaunlich, dass die normalen Zugverbindungen fürs Umsteigen in Paris nur 50 Minuten vorsehen. Das ist nicht zu schaffen. Daher habe ich mir eine Verbindung rausgesucht, bei der ich zwei Stunden Zeit hatte.

Irun, 01.08.2019

Als ich nach einem langen Zugfahrtag in Hendaye ankam, war ich müde und froh, dass mein kleines Hotel vom Bahnhof nicht weit weg liegt. Ich spazierte zu Fuß über eine Brücke, und schon war ich in Spanien. Nach der langen und anstrengenden Zugfahrt war ich total erschöpft und habe wunderbar geschlafen, Doch als ich aufwachte, donnerte und blitzte es, am frühen Morgen. Ich fand das nicht nur sehr ungewöhnlich, sondern auch extrem ungemütlich. Also ging ich erst mal frühstücken, denn im Bett bleiben ging nicht. Dann sah ich zwei Personen in Regenmänteln mit Rucksäcken die Herberge verlassen, und es war klar, dableiben ist auch keine Option. Auch Regen ist „part of the game". Also packte ich zusammen und suchte meinen Hut, aber vergeblich. Ich dachte, ich hätte ihn auf den Schrank gelegt, konnte mich aber einfach nicht mehr erinnern. Ich war am Abend einfach zu müde gewesen. Anscheinend hat der Hut beschlossen, im Zug zurück nach Paris zu fahren. Bevor ich losging, studierte ich noch mal die Karte und die Wegbeschreibung. Dann verstaute ich den Reiseführer und mein Handy unter dem Regenponcho im Rucksack. Ich marschierte los, fand aber weder die Überquerung der Eisenbahnschienen noch die richtige Abzweigung. Also ging ich zurück, und unter einer Brücke schaute ich wieder auf die Karte. Ich versuchte es erneut. Ich dachte wirklich, ich hätte die richtige Richtung und ging weiter. Nach 40 Minuten sah ich gelbe Pfeile, denen ich folgte. Doch sehr bald bemerkte ich, dass es nicht der beschriebene Weg war. Trotzdem ging ich weiter. Ich hatte wirklich keine Lust, wieder zurück in die Stadt zu gehen. Ich kam durch Wälder und Dörfer und stapfte durch Bäche, die vorher Wege waren. Manche waren zu großen Pfützen geworden, und von der Seite hüpften Frosche hinein. Am späten Nachmittag machte ich eine Pause. Endlich hatte es aufgehört zu regnen, und ich konnte mich hinsetzen und etwas essen. Mithilfe meiner beiden Reiseführer und den Landkarten versuchte ich herauszufinden, wo ich war. Da entdeckte ich den Namen eines Dorfes auf einem Wegweiser. Noch 10 Kilometer. Und ganz am Rand meiner Karte im Buch stand dieser Name. Endlich wusste ich, wo ich war. Tja, sehr weit weg vom Camino de la Costa. Trotzdem ging ich zu diesem Dorf, das sich südlich von San Sebastian befand, denn ich dachte: San Sebastian ist eine große Stadt, da werden sicher Busse von den umliegenden Dörfern hinfahren. An der Hauptstraße fand ich dann auch die richtige Bushaltestelle und fuhr nach San Sebastian. Die Busfahrerin sagte ständig etwas durch. Ich verstand nur, dass sie heute nicht dorthin fuhr, wo der Bus normalerweise hinfährt und dass alle aussteigen müssen. Ich hatte keinen Stadtplan und fragte, bevor ich ausstieg, wo wir sind und wo das Stadtzentrum sei. Die Busfahrerin meinte erst lachend, das sei sehr weit weg. Doch dann erklärte sie mir sachlich den Weg, und ich war in wenigen Minuten im Zentrum. In San Sebastian gibt es keine Herberge, und so suchte und fand ich ein kleines Hotel an der Uferpromenade und bekam sogar ein Zimmer. Zuvor hatte ich Wegweiser gesehen: *Camino de la Costa*. Beruhigt konnte ich schlafen gehen, denn ab morgen war ich ja wieder auf dem richtigen Weg.

San Sebastian, 02.08.2019

Obwohl ich ein hübsches Zimmer hatte, konnte ich kaum schlafen, denn ich musste dauernd an meinen zu vollen und schweren Rucksack denken. Nach einem guten Frühstück vom Buffet ging ich los. Zuerst wollte ich mir die Kirchen anschauen, doch ich konnte leider nur in eine hineingehen, die anderen waren geschlossen. Ich hatte einen hübschen Stempel in meinen Pilgerpass bekommen. Anschließend suchte ich den Weg zurück zum Camino und wählte den längeren, schöneren Weg entlang der Küste. Es war einfach herrlich, direkt am Meer entlangzugehen. Als der Weg abbog und aus der Stadt bergauf in den Wald führte, traf ich eine junge Frau, die mit mir ein Stück ging. Sie ist Fotografin und hatte ihre Ausbildung beendet. Ab Oktober hat sie eine feste Anstellung. Diese Frau traf ich immer wieder bis zum letzten Tag in Santiago. Da sie für mich zu schnell ging, ließ ich sie ziehen. Etliche andere Pilger waren unterwegs. Ich setzte mich auf eine kleine Mauer mit Aussicht aufs Meer und machte eine Pause. Ich kam ins Gespräch mit Menschen aus Rumänien. Sie waren auch mit Zelten unterwegs. Mein Ziel für abends war der Zeltplatz in Orio. Zwar ging es steil bergauf, aber es hatte sich gelohnt. Nachdem ich mein Zelt aufgestellt hatte, konnte ich an die Steilküste bis zum Meer gehen und den Tag ausklingen lassen. Etwas essen, Tagebuch schreiben und den Weg für den nächsten Tag studieren.

Zumaija, 03.08.2019

Die heutige Wanderung führte oft durch den Wald und ging meistens steil bergauf. Es gab auch Wegabschnitte mit sehr alten Steinen, auf denen bereits seit Jahrhunderten Pilger unterwegs waren. Es fühlt sich beeindruckend an, sich in diese Pilgerschar einzureihen. Auf einer Tafel konnte man lesen, dass sogar Alexander Humboldt auf diesem Weg unterwegs gewesen war. Um 14 Uhr kam ich bei einer Kloster-Herberge an, vor der schon etliche Pilger im Schatten saßen. Ich reihte mich ein, und wir warteten, denn die Herberge machte erst um 15 Uhr auf. Viele gingen sich etwas zum Essen holen, während ich das erst machen wollte, wenn ich mein Bett bekommen hatte. Die Herberge hat 25 Plätze, und noch vor 15 Uhr waren wir 23 Leute. Als ich mein Bett hatte, hängte ich mein Zelt zum Trocknen auf eine Leine, denn es war von der Luftfeuchtigkeit total nass. Dann legte ich mich eine Weile hin. Jetzt war es Zeit, den kleinen Ort zu erkunden und etwas Essbares zu besorgen. Ich staunte nicht schlecht, aber im negativen Sinne, dass der kleine Supermarkt bereits ab 15 Uhr geschlossen hatte. Es war Samstag, und ich fand keinen Lebensmittelladen mehr. In einem Touristenladen gab es nur Süßigkeiten wie Kekse, Waffeln, Milchschnitten etc. Ich kaufte ein paar Kleinigkeiten. auch fürs Frühstück. Na ja, kann man nichts machen. Ich spazierte zum Hafen und genoss die Aussicht aufs Meer. Eine Weile schaute ich auch den Wettschwimmern zu, die haufenweise ins Wasser sprangen. Die Nacht verbrachte ich in einem Drei-Bett-Zimmer mit einer Frau aus Ecuador und einer aus Südkorea.

Camping im Wald, 04.08.2019

Bereits ab 5 Uhr konnte man die ersten Pilger hören. Sie standen auf und packten leise ihre Rucksäcke, aber man hörte es trotzdem. Bereits bevor ich auf dem Camino unterwegs war, hatte ich gehört, dass es ein Wettrennen um die Plätze in den Herbergen gibt. Und das ist leider kein Gerücht. Auch die Frau aus Südkorea war immer unter den Ersten, die aufgebrochen sind. Da ich nicht mehr weiterschlafen konnte, bin ich dann auch um 6:30 Uhr losgegangen. Es war bereits hell, aber der Sonnenaufgang war erst später. Es ging nicht mehr am Meer entlang, sondern führte durch eine schöne Hügellandschaft. Der frühe Morgen war still und sehr angenehm. Außer dem Wind, ein paar Vögeln und Hähnen hörte man nichts. Bereits nach dreieinhalb Stunden hatte ich 12 km geschafft und erreichte eine Herberge. Sie war leer, doch mir wurde gesagt: „*completo!*", d. h. voll. Im Gegensatz zu den öffentlichen Herbergen kann man in privaten Herbergen ein Bett reservieren. Die Besitzerin sagte, ich solle warten. Ich wusste nicht worauf, benutzte also ihre Toilette, ließ mir einen Stempel geben und fragte, ob ich mein Zelt hier aufstellen darf. Sie verneinte und gab mir die Info, dass im nächsten Ort ein Restaurant sei, deren Besitzerin das erlauben würde. Da ich sicher nicht bis abends warten wollte, ob alle reservierten Betten voll wurden, ging ich weiter. In dem besagten Restaurant sagte mir die Besitzerin, dass ich hinter der kleinen Kirche mein Zelt aufstellen dürfe und bei Morgengrauen gehen müsse. Also aß ich erst mal einen Salat und studierte die Landkarte und beschloss weiterzugehen. Da es bis zur nächsten Herberge einfach zu weit gewesen wäre, war mir klar, dass ich irgendwo mein Zelt im Wald aufstellen muss. Ich hatte noch einen steilen Anstieg vor mir, bis der Weg wieder auf den Camino stoßen würde. Als ich auf dem Berg oben war, suchte ich nach einem versteckten Stellplatz. Abseits der Straße, die nun auch den Berg raufführte, ging ich in den Wald und baute mein Zelt auf. Da war ich bereits fast 12 Stunden unterwegs gewesen. Mir fiel es schwer, so nass und verschwitzt einzuschlafen. Angst vor wilden Tieren hatte ich keine, eher vor Menschen, die mich entdecken könnten. Bei jedem Auto, das noch spät unterwegs war, hoffte ich, dass die Scheinwerfer mein kleines Zelt nicht entdecken. Es ist orange. Für den PCT hatte ich eine leuchtende Farbe gewählt, damit ich etwas Farbiges habe in all den braunen und grünen Farben. Doch ein olivgrünes Zelt wäre im europäischen Wald sicher unauffälliger.

Kloster Zaranuzzen, 05.08.2019

Die Nacht im Wald war nicht schlecht, und im Morgengrauen zog ich los. Kurz darauf sah ich ein Zelt mitten auf dem Weg. Es war ein junger Deutscher, mit dem ich am Tag davor auch schon geredet hatte. Er wollte den ganzen Camino in keine Herberge gehen, sondern nur wild campen, was in Spanien aber verboten ist. Er hatte Probleme mit seinen Wanderschuhen, warf sie weg und war in Flipflops unterwegs. Ihn traf ich dann noch mal in Bilbao. Später nicht mehr. Die heutige Wanderung ging durch eine Berglandschaft und war sehr anstrengend. Doch die Kuhglocken und die Aussicht auf die Berge entschädigten für vieles. Mein Ziel war die Herberge in einem Kloster. Als ich oben ankam, saßen schon viele Menschen im Gras. Eine junge Frau sagte, dass es keinen Platz mehr gäbe, denn sie sind eine Gruppe. Ich stellte meinen Rucksack ab und erkundete die Gebäude und das Kloster. Ich fand einen kleinen Raum mit Kochnische. Im Waschbecken machte ich mich frisch und wusch sogar meine Haare. Es gab auch Pulverkaffee und eine Mikrowelle. Ich bediente mich und machte mir einen Kaffee. In die Donation Box warf ich später Geld hinein. Dann beschloss ich, in der Gegend bei Einbruch der Dunkelheit mein Zelt aufzubauen. Um 15 Uhr kam ein Ordensmann und verteilte die Betten. Er zählte durch, und es waren sogar noch drei Betten frei. Ich konnte also ein Bett bekommen, ohne es jemandem wegzunehmen. Das war mir lieber, als mein Zelt aufbauen zu müssen. Am Abend hatten freundliche Menschen etliche Tische zusammengestellt und schön aufgedeckt. Der Mönch kam und brachte einen Gemüseeintopf und Baguette. Es war eine fröhliche Abendessenrunde. Ich lernte eine junge Österreicherin kennen, die bereits am ersten Tag keinen Schlafplatz gefunden hatte und am Strand übernachtet hatte. Ohne Isomatte, ohne Schlafsack, ohne Pullover. Da ihr Handy nass wurde, konnte sie es nicht mehr verwenden. Auch sie habe ich dann immer wieder getroffen, sogar noch am letzten Tag in Santiago. Sie hatte sich ein neues Handy und eine Isomatte besorgt. Die Nacht im Kloster war sternenklar, und im Schlafraum stellte ich fest, dass es sehr viele unterschiedliche Schnarcharten gibt. Zwei Schnarcher schienen sich zu unterhalten. Der eine schnarchte los, und der andere antwortet. Das fand ich sehr amüsant! Auch hier war die Nacht um fünf Uhr beendet, und die meisten packten ihre Sachen. Selbst wenn sie Stirnlampen verwenden, flüstern und leise sind, konnte ich nicht mehr weiter- schlafen. Ich blieb liegen und bin doch tatsächlich noch mal eingeschlafen. Es war kaum mehr jemand da. Alle sind noch vor Sonnenaufgang losgezogen. Ich frühstückte und ging los. Auch heute war es sehr schwül, aber die Landschaft entschädigte mich. Interessant war, was ich fühlte. Während ich am PCT von Anfang an das Gefühl hatte, nicht dazuzugehören, war es am Camino anders. Ich gehörte zur bunten Schar der Pilger dazu, und es fühlte sich auch so an. Ich dachte: *„Der Camino ist bunt wie das Leben!"* Mein heutiges Ziel war die Jugendherberge in Gernika, wo doch tatsächlich noch Betten zu haben waren. Auf mich wirkte diese Herberge abstoßend und heruntergekommen. Die Betten wurden zugeteilt, und ich bekam ein oberes Bett. Den Rucksack musste man am Eingang in einen Schrank einsperren, und man durfte nur wenig mit in den Schlafsaal nehmen. In meinem Zimmer unterhielten sich ein paar Pilger darüber, wie sicher es in einer Herberge ist und ob etwas gestohlen werden könnte. Eine Frau erzählte von einem jungen Mann, dem alle seine Wertsachen einschließlich Reisepass gestohlen worden waren. Ich war immer vorsichtig und ließ weder Wertsachen noch Handy unbeaufsichtigt. Ich wunderte mich immer über Menschen, die ihr Handy völlig sorglos an einer Steckdose hängen ließen. Weil mein Rucksack einfach zu schwer war, hatte ich beschlossen, etliche Dinge nach Hause zu schicken. Ich hatte zwei Paar Schuhe mit, doch das eine Paar baumelte seit Tagen nur am Rucksack. Ich hatte von diesen Schuhen Blasen bekommen und wollte nicht, dass meine Füße so kaputt werden wie damals am PCT. Die Frau an der Rezeption der Jugendherberge meinte recht mürrisch, dass die Post viel zu weit weg wäre. Sie erklärte mir aber umständlich, dass ich einen Zettel ausfüllen müsse, und dann würde mein Gepäck zur nächsten Herberge transportiert werden. Natürlich gegen Bezahlung! So kam ich nicht weiter. Also machte ich einen Abendspaziergang und erkundigte mich bei der Tourist Information. Diese Frau war sehr freundlich, und sie schaute für mich sogar noch nach, ab wann die Post geöffnet ist. Das stimmte mich positiv, und ich konnte die hübsche kleine Stadt mit den vielen bunten Blumen richtig genießen. Ich spazierte etwas durch die Straßen, setzte mich auf eine Bank und beobachtete alles um mich herum. Außerdem suchte ich die gelben Pfeile und wo der Camino weitergeht, damit ich am nächsten Morgen nicht lange herumirren muss.

Bilbao, 07.08.2019

Im Schlafsaal der Jungendherberge wurde natürlich geschnarcht, und so lag ich lange wach. Auch hier begann der Aufbruch bereits um fünf Uhr. Zum Glück schlief ich noch mal ein, und als ich gegen halb acht Uhr aufstand, war der Raum bereits total leer. Der Frühstückssaal sah nach Massenabfertigung aus, aber es gab Kaffee, und ich konnte frühstücken. Ich ließ mir Zeit, denn die Post öffnete erst um neun Uhr. In der Post packte ich vieles aus meinem Rucksack in eine große Schachtel. Nicht nur die Wanderschuhe, auch etliche Paar Socken, eine Hose, T-Shirt und anderes Zeug, das ich nicht zu brauchen meinte. Das Paket wog dann über drei Kilogramm. Mit leichterem Rucksack ging ich fröhlich los. Der Weg nach Bilbao war abwechslungsreich, es ging durch den Wald und durch landwirtschaftliche Gegenden. Immer bergauf und bergab. Mir machte es viel Spaß. In Lezarma beschloss ich, noch weiter bis Bilbao zu gehen, weitere acht Kilometer, obwohl mir meine Knie schon sehr wehtaten. Das Gehen auf Asphalt, vor allem bergab, hat den Knien gar nicht gut getan. Der Weg nach Bilbao zog sich in die Länge, und es schien so, als ob er ganz um die Stadt herumführte. Endlich ging es bergab in die Stadt, und ich kam bei der Kathedrale an. Sie war offen, und jemand spielte leise Orgelmusik. Das wäre richtig schön zum Hinsetzen und Meditieren gewesen. Doch leider hatte ich wenig Zeit, denn ich musste mich um einen Schlafplatz kümmern. Ich bekam einen Stempel und die Information, wo das nächste Hotel ist. Doch an der Rezeption des Hotels wurde ich abgewiesen: „*completo!*" Ich dachte, dass es wahrscheinlich nur für verschwitzte Pilger completo ist. Ich fand den Weg zur öffentlichen Herberge, wo ich um 18 Uhr tatsächlich noch ein Bett bekam. Der Hospitalero war sehr freundlich, und obwohl es eine sehr einfache Herberge war, fühlte ich mich sofort wohl. Mit zwei Studentinnen aus Deutschland kam ich ins Gespräch. Sie waren gerade erst mit dem Flugzeug angekommen und wollten ihren Weg in Bilbao beginnen. Sie konnten kein Spanisch und wirkten sehr unbedarft. Dann begannen sie, Stadt-Land-Fluss zu spielen, und ich dachte: *„Das sind doch wirklich noch Kinder!"* Der Hospitalero kam zu mir und bat mich, ihnen mitzuteilen, dass sie ihre Schuhe außerhalb des Schlafraumes hinstellen müssen. Er beklagte sich, dass sie einfach absolut gar nichts verstehen würden. Doch die beiden hatten mir vorher erzählt, dass sie keine Spanischkenntnisse brauchen würden. Später kamen noch weitere Pilger: die junge Fotografin, die Österreicherin und ein junger Deutscher. Die Fotografin hatte ein Bett in einer privaten Herberge reserviert, und für die anderen beiden gab es noch zwei Betten. Sie beschlossen, sie zu begleiten und gemeinsam zur anderen Herberge zu gehen.

Portugalette, 08.08.2019

Die Nacht war gut, denn niemand hat geschnarcht. Erst gegen acht Uhr bin ich losgegangen und war bereits um 11:45 Uhr in Portugalette. In Bilbao habe ich mir nichts angeschaut, aber die Stadt scheint wirklich hübsch zu sein. Die gelben Pfeile waren nicht zu finden. Ich sah einen Pilger, der gerade mit seinem Handy beschäftigt war, und fragte ihn nach dem Weg. Zwar kannte er ihn auch nicht, denn er wollte sich in einem Café mit jemandem treffen. Er stellte sich vor als Südtiroler und verabschiedete sich. Ich ging einfach immer den Fluss entlang, und das stimmte. Der Weg führte durch ein riesiges Industriegebiet. Meine Knie taten extrem weh. Es war einfach nur scheußlich. Ich wollte diesen Wegabschnitt so schnell wie möglich hinter mich bringen. Wieder ein Tag nur Asphalt. Von anderen Pilgern erfuhr ich später, dass sie ab Bilbao mit der Straßenbahn gefahren sind. In Portugalette gibt es eine berühmte Hängebrücke. Eigentlich ist es eine Art Fähre an einem Drahtseil. Ich hole mir Wechselgeld fürs Ticket, und jemand zeigte mir, was ich drücken musste. Es kostete nur 45 Cent für die Überfahrt. Das ist echt nicht viel. Mein Rucksack passte nicht durch die elektronischen Sperren, und so hob ich ihn erst drüber und ging dann durch. Da ich sehr erschöpft war, wollte ich mir ein eine Hotelübernachtung gönnen. Doch wieder bekam ich zu hören: *„Total completto!"* Also ging ich weiter zur öffentlichen Herberge, wo ich um 12:10 Uhr ankam. Davor saß bereits die junge Koreanerin und wartete. Geöffnet wird ab 15 Uhr. Ich setzte mich zu ihr. Später bat ich sie, auf meinen Rucksack aufzupassen, während ich mir etwas zu essen besorgte. Ich bot ihr an, dann auch auf ihren Rucksack aufzupassen. Natürlich trank ich Kaffee, und nachdem ich etwas gegessen hatte, fühlte ich mich besser. Neben der schwebenden Brücke gab es WIFI, und das war auch sehr praktisch. Ich konnte mit meinen Kindern kommunizieren. Dann kehrte ich zur Herberge zurück, packte meine Isomatte aus und ruhte mich aus. Kurz vor 15 Uhr waren es bereits 28 Menschen, und es gab nur 30 Plätze. Es war eine Turnhalle, und der alte Hospitalero verteilte die Betten. Als ich mir ein Bett etwas abseits ausgesucht hatte, wurde er sehr ungehalten. Er würde hier die Betten verteilen, und man könne sich nicht irgendeines aussuchen. Er schickte mich woanders hin. Da verstand ich, dass er den Raum der Reihe nach auffüllen und den Überblick behalten wollte, wie viele Betten noch frei sind. Die Weitläufigkeit des Raumes und die großen Fenster mit Blick auf die Brücke wirkten auf mich sehr freundlich. Abends suchte ich noch einen Supermarkt und spazierte zum Hafen. Doch es war viel zu heiß. So blieb ich im Schatten, setzte mich in der Nähe der Brücke hin und genoss es, hier Internet zu haben.

Campingplatz Islares, 09.08.2019

Die heutige Etappe war sehr lang. Ich glaube, es waren mehr als 36 km. Auf den letzten Kilometern fielen mir immer wieder die Augen zu, und ich ging trotzdem weiter. Als mir das zum dritten Mal passiert war, musste ich so über mich selbst lachen, dass ich danach wach war. Beim Gehen einschlafen, also das hatte ich vorher noch nie gehört, dass das passieren kann. Der Zeltplatz liegt direkt an einer Steilküste am Meer. Ich kam sehr spät an. Da das Restaurant nicht geöffnet hatte, kaufte ich mir eine Tüte Chips und verspeiste die Hälfte am Meer sitzend. Heute kam ich an einer Herberge vorbei. Es war erst kurz nach 15 Uhr. Dort saß die bekannte Koreanerin. Sie wirkte völlig verloren. Obwohl sie sehr früh gestartet war, hatte sie kein Bett bekommen. Weit und breit gab es kein weiteres Hotel oder eine Herberge. Andere Pilger tippten eifrig in ihre Handys und gingen dann in den Ort zurück. Mir tat die junge Frau leid. Da kam eine Rumänin und bot ihr an, mit ihr im Zelt zu übernachten. Hinter der Herberge standen bereits etliche Zelte. Da es für die Koreanerin eine Möglichkeit gab, die sie zwar nicht begeisterte, konnte ich erleichtert weitergehen. Ich hatte noch acht Kilometer vor mir. Der Weg führte an der Küste entlang und war wunderschön. Es gab auch viele Möglichkeiten zum wilden campen. Übernachten mit Blick aufs Meer würde mir gefallen. Doch dann traf ich auf einen Mann mit großem Rucksack, aus dessen Seitentasche eine Flasche mit Alkohol ragte. Auch sonst wirkte er nicht unbedingt vertrauenerweckend. Er sagte zwar, dass er auch ein Pilger wäre. Ich bevorzugte, ihm nicht zu sagen, dass ich irgendwo zelten wollte und beschloss, dann lieber wirklich bis zum offiziellen Zeltplatz weiterzugehen.

Campingplatz Loredo, 10.08.2019

Ich habe sehr gut geschlafen. Wahrscheinlich, weil ich total erschöpft war. Als ich aufwachte, war es bereits 8 Uhr, und es regnete leicht. Nach dem Frühstück packte ich zusammen und marschierte los. Es ging viele Kilometer immer auf der Straße entlang. Später kam ich durch kleine Dörfer und wanderte über Hügel, wo ich auch Pferde sah. Die Aussicht war toll! In Liendo aß ich eine Tortilla in einer ganz kleinen Dorfkneipe, wo nur Einheimische waren. Ich kam an der öffentlichen Herberge vorbei. Zuerst wollte man mich abwimmeln, da sie erst später öffnet, aber da ich nur einen Stempel wollte, war das kein Problem. Ich kam nach Loredo, wo ich den Camino in der Stadt verloren habe. Im Reiseführer hieß es, links von der Kirche weitergehen, aber da waren keine Pfeile mehr. Da ich aber sowieso zum Zeltplatz wollte, suchte ich nach Schildern für Autofahrer und fand bald Wegweiser zum Zeltplatz. Er lag weit außerhalb, und ich musste quer durch die ganze Stadt. Doch es hatte sich gelohnt. Man konnte vom Zeltplatz aus direkt zum Flussufer gehen. Dort waren viele Reiter unterwegs. Davor war ich an einem Reitstall vorbeigekommen und hatte unzählige Pferde und das Angebot, eine Stunde ausreiten zu können, gesehen. Viele Reiter hatten Spaß und galoppierten über den Sandstrand. Ich holte mir mein Abendessen: Wie fast immer gab es Brot, Käse und Oliven. Und ich beobachtete die Spaziergänger, die Pferde und die Wolken. Es war ein schöner Abend. Bestimmt viel hübscher als in der Herberge mitten in der Stadt.

Campingplatz Loredo, 11.08.2019

In der Nacht hatte es geregnet, und mein Zelt war nicht nur nass, sondern von der nassen Erde auch ganz schmutzig. Ich machte es sauber, aber das war unnötig, denn es begann wieder zu regnen. Da beschloss ich, einfach einen Tag hierzubleiben, ging zur Rezeption und bezahlte für eine weitere Nacht. Ich verbrachte die meiste Zeit im Zelt mit Musikhören und Internet. Später ging ich zu einem anderen Zeltplatz, der nicht weit entfernt war, und unterhielt mich mit zwei Pilgern, einem Mann, der aber gerade im Gehen war, und einer deutschen Frau im Alter von 62 Jahren. Mit ihr redete ich eine ganze Weile und erfuhr, dass sie massive Knieprobleme hatte und nicht weiß, ob sie weitergehen kann. Sie erzählte mir ihre ganze traurige Lebensgeschichte. Später traf ich diesen Mann wieder und erfuhr, dass die Frau noch 10 Tage am Zeltplatz geblieben ist und dann zurück nach Deutschland geflogen ist. Dort war sie beim Arzt, und inzwischen würde es ihr wieder gut gehen. Obwohl ich mit den beiden Pilgern geredet habe, fehlte mir die Pilgergemeinschaft. Merkwürdig: Eigentlich bin ich doch sehr gerne allein. Es ist auch ein zu großer Kontrast, die Pilger und dann die Touristen am Zeltplatz. Ich beschloss, wieder in Herbergen zu übernachten, außer, es gibt kein Bett für mich. Dann würde ich mir halt wieder einen Zeltplatz suchen. Und ich beschloss, die Zeltplätze auch als Teil meines Caminos zu akzeptieren. Dieser Gedanke half mir dann auch, diese Möglichkeiten zu nutzen und zu genießen.

Herberge in Gumes, 12.08.2019

Die Herberge ist toll! Viele kleine Häuschen, Baracken, Zelte, Tipis und viele, viele Pilger. Ich sitze im Leseraum, der sich auch füllt. Immer wieder werden Pilger reingeführt, und man sagt ihnen, sie können auf den Bänken oder auf den Matten am Boden schlafen. Zwei Österreicherinnen kommen dazu, und weil sie keine Schlafsäcke hatten, gab ich der einen meine Decke aus meinem Schlafsaal, da ich ja einen dicken Schlafsack habe. Der heutige Tag war verregnet und kalt. Kurz vor dem Dorf mit der Herberge hielt ein Auto neben mir an. Die Fahrerin fragte freundlich, ob sie mich hinbringen soll. Ich verneinte und sagte, dass ich viel zu nass bin und ihr Auto nicht schmutzig machen möchte. Sie lachte und erklärte, dass es nicht mehr weit ist. An der Herberge wurde ich freundlich begrüßt und bekam etwas zum Trinken angeboten. Mein Bett war in einem großen Schlafraum, aber ohne Stockbetten. Auch heute hat es in der Früh geregnet, dann wurde es weniger, aber unterwegs begann es wieder. Hier, bei der Herberge, konnte ich mein Zelt auf der Leine aufhängen und auch meine Sachen im Wind trocknen. Vor dem Abendessen gab es eine Informationsveranstaltung für alle. Wir erfuhren, wer der Gründer ist, wie sein Leben war und dass er bereits 84 Jahre alt ist. Er hatte die ganze Welt bereist und war ein Arbeiterpriester. Die Herberge befindet sich in seinem Geburtshaus. Er sagte, sie gehört allen Pilgern. Und sie muss nach seinem Tod als Herberge weitergeführt oder verkauft werden, und das Geld muss dann in seine Sozialprojekte fließen. Wir wurden darauf hingewiesen, dass alles auf Spendenbasis läuft und wir also die Projekte finanzieren. Etwas aufdringlich fand ich dann die Hinweise, wir sollen durchdenken, was wir hier alles bekommen: ein Bett, eine warme Dusche, ein Abendessen und Frühstück, und das sollen wir bei der Spende berücksichtigen. Der Hauptverantwortliche sagte, dass nun, vor dem Abendessen, bereits 105 Pilger angekommen waren. Für das Abendessen waren viele Plätze an langen Tischen aufgedeckt. Für die Vegetarier wurde im Haus serviert. Ja, es wurde serviert. Es gab einen

Eintopf mit Brot, und ich holte mir einen Nachschlag. Tja, ich hatte nicht gewusst, dass es auch eine Hauptspeise gibt. Sie bestand aus einem Gemüsereis und gebratenen Gemüse. Dazu gab es Wasser und Rotwein. Während wir aßen, wurden auf einmal unsere kleinen Löffel eingesammelt. Als sie dann gegen kleine Messer ausgetauscht wurden, war mir klar, dass es Obst gibt. Nach dem Abendessen sprach der alte Priester zu uns. Er sagte, es geht nicht um den Camino de Santiago, sondern um den *Camino de la Vida*. Unseren Lebensweg, den jeder gehen muss. Hier ist alles so friedlich, man kann Kuhglocken hören, und fast traue ich mich nicht zu reden.

Santander Campingplatz, 13.08.2019

Die Nacht im großen Schlafsaal war still und friedlich. Ich musste einmal auf die Toilette und konnte einen herrlichen Sternenhimmel bestaunen. Das Frühstück wurde auch wieder serviert, und alle brachen fast gleichzeitig auf. Natürlich, um in Santander ein Bett zu bekommen oder um noch etliche Kilometer weitergehen zu können. Da ich vorhatte, auf den Zeltplatz zu gehen, hatte ich keine Eile. Der Weg führte erst durch Wälder und Felder, dann sehr lange am Strand entlang. Das Gehen im Sand empfand ich als sehr anstrengend. Vor Santander stieg ich in eine Fähre. Die Überfahrt war sehr kurz, aber mit einem herrlichen Blick auf die Stadt und den Strand. Auf der Fähre traf ich einen Südtiroler wieder, den ich in Bilbao kennengelernt hatte. Er ist Orthopäde mit einer eigenen Praxis. Er erzählte mir, dass er es sich leisten kann, im Sommer zwei und im Winter einen Monat auf Reisen zu gehen. Er hätte nur Privatpatienten und würde Vorträge über Ayurveda halten. Dem Klinikbetrieb hatte er schon länger den Rücken gekehrt. In Santander hatte ich zwar Hunger, aber es waren mir viel zu viele Leute. Ich hatte absolut keine Lust, mich in ein volles Restaurant oder Café zu setzen. Also ging ich noch weiter. In die entgegengesetzte Richtung, anders als die anderen Pilger. Ich spazierte am Hafen, dann an der

Küste entlang, bis ich nach ca. 7 km zum Zeltplatz kam. Es war ein sehr großer Platz mit Zugang zum Strand. Ich konnte einen hübschen Stellplatz bekommen und den Abend am Strand verbringen. Morgen werde ich einen sehr langen Weg entlang der Küste gehen. Er ist 31 km lang, bis er wieder zum Camino führt, aber bestimmt sehr hübsch. Dieser Weg ist nur in meinem Reiseführer erwähnt, und deshalb werde ich wohl niemanden treffen.

Carbondondo, 15.08.2019

Im Moment fühle ich mich ein wenig verloren, keine Ahnung, warum. Gestern habe ich vergessen zu schreiben. Ich bin vom Leuchtturm von Santander losgegangen, immer an der Küste entlang. Außer ein paar Joggern oder Hundebesitzern habe ich kaum jemanden getroffen. Der Weg führte dann durch ein Dorf, und es war zu umständlich, wieder an die Küste zu kommen. Also beschloss ich, mir den Weg zurück zum Camino mithilfe von Google Maps zu suchen. In der kleinen Stadt Mompio sah ich endlich wieder gelbe Pfeile. Die Herberge fand ich auch schnell in Boo de Pelegro Es war eine private Herberge. Man sagte mir, es wäre alles completo, aber ich könne in einem Zelt schlafen. Dazu hatte ich wenig Lust, und die Besitzerin zeigte mir ein Notbett in der Küche. Das gefiel mir, und so konnte ich im Haus übernachten, das war gut so, denn in der Nacht hat es dann geregnet. Am Abend lernte ich ein paar Pilger kennen: ein Ehepaar aus Österreich, beide weit über 70 Jahre. Der Mann machte früher Marathonläufe. Die beiden erzählten, dass sie immer wieder mal ein Taxi nehmen, um in ein Hotel zu gelangen, dann aber am nächsten Tag wieder zu der Stelle zurückkehren würden, wo sie mit dem Taxi den Camino verlassen hatten. Ein deutscher Vater mit seiner jugendlichen Tochter, die den Camino mit dem Fahrrad machen wollen. Eine österreichische Studentin, die bereits am zweiten Tag in Problemen steckte: Sie konnte keinen Geldautomaten finden. Ein anderer, ihr unbekannter Pilger, lieh ihr etwas Geld. Außerdem fand sie keinen Schlafplatz in einer Herberge und ging dann mit einem wildfremden Mann nach Hause, der ihr sagte, er wäre ein pensionierter Polizist. Diese junge Frau traf ich noch öfter. Spätabends kam noch ein weiterer Pilger, der dann auch ein Notbett in der Küche bekam. Das störte mich nicht. Es gab ein Frühstücksbuffet. Anschließend fuhren wir Pilger zwei Minuten mit dem Zug über eine Brücke, die für Fußgänger zu gefährlich und deshalb gesperrt ist. Der weitere Wegabschnitt war voller Touristen. Danach wurde es ländlicher, und man konnte dann auch das Meer wieder sehen. Die Herberge ist nicht schlecht, aber die Aussicht auf den kommenden Tag, ein 38 km langer Weg bis zur nächsten Herberge oder nur 6 km oder dann doch einen Zeltplatz suchen, gefällt mir nicht.

San Vincente de la Barquera, 15.08.2019

In der gestrigen Herberge war ich ziemlich niedergeschlagen. Als ich kapierte, dass es an den grausig aussehenden Betten lag, habe ich meinen Schlafsack ausgebreitet und es mir dann gemütlich gemacht. Die Betten sehen oft sehr wenig einladend aus. Ich verließ die Herberge und ging in die nahegelegene Bar. Ein Kaffee hilft mir immer. Dann kamen andere Pilger dazu, tranken Bier und spielten Karten. Eine Weile schaute ich zu, bevor wir alle zurück in die Herberge gingen. Unterdessen hatte der Hospitalero das Abendessen zubereitet. Wir saßen alle an einem langen Tisch. Das gemeinsame Essen ist sehr verbindend. Geschlafen habe ich schlecht und wenig. Bereits um fünf Uhr war es vorbei mit der Nachtruhe, wie in jeder Herberge. Noch vor Sonnenaufgang ging ich los. Die Luft war frisch und klar. Der Weg führte durch ländliche Gegenden, und es war richtig hübsch. Dann schloss ich mich einer jungen Deutschen an. Durch die Gespräche verging die Zeit schneller, und das Gehen am Straßenrand war weniger unangenehm. Immer wieder gab es eine herrliche Aussicht aufs Meer. Die Stadt Camilles war überfüllt von Touristen. Zwar nervte das, aber trotzdem besichtigten wir diese Stadt und gingen in ein kleines Café. Danach trennten sich unsere Wege, denn die Pilgerin hatte sich ein Bett in einer privaten Herberge reserviert. Mein Weg war noch acht Kilometer länger und führte immer an der Küste und an den Badestränden entlang bis zu einem großen Zeltplatz. Ich war erschöpft, vor allem von der Hitze. Nachdem ich mein Zelt aufgestellt hatte, ging ich zum Strand, der mit den Menschen und Sonnenschirmen sehr bunt aussah. Ich hatte mein Abendessen mitgebracht und saß glücklich im Sand. *„Es war ein guter Tag!"*

Campingplatz La Paz, 17.08.2019

Gestern Abend bin ich total schnell eingeschlafen Der gestrige Campingplatz war toll: das Klo immer frisch geputzt und warme Duschen. Hier ist alles schmuddelig, und man kann nur kalt duschen, dachte ich. Ich wunderte mich, dass alle anderen anscheinend genüsslich duschten. Erst spät am Abend entdeckte ich einen Schalter fürs Warmwasser. In der Früh war mein Zelt ganz nass, nur von der Luftfeuchtigkeit, und ich hatte wenig Lust zusammenzupacken. In der Nacht konnte man das Meer rauschen hören. Echt schön! Das Morgenrot und der Kaffee-Automat halfen mir, wach zu werden. Bis 10 Uhr war es wunderschön zu laufen, dann wurde es bereits heiß. Der Weg führte durch viele kleinere und größere Orte. Als ich den Zeltplatz gefunden hatte, war ich richtig froh. Er liegt zwischen zwei Felsbuchten an einer Steilküste. Die Zelte stehen vereinzelt über den ganzen Berg verteilt. Ich musste erst ganz rauf und dann wieder ganz runter, um zur Rezeption zu kommen. Ich bekam einen Stellplatz unten, gleich neben dem Bach, und der Camino führte in der Nähe vorbei. Das war gut, denn dann konnte ich gleich in der Früh starten, ohne den ganzen Platz durchqueren zu müssen. Wieder hatte ich mein Abendessen mit Meerblick. Ich studierte auch in meinen beiden Reiseführern, wie es am nächsten Tag weitergeht. Hier rauschte das Meer sehr mächtig, und die Wellen sind gewaltig. Von der Terrasse des Cafés aus beobachtete ich die Surfer und einen Mann in einem gelben Kajak, der immer wieder herausfiel. Das schien ihn absolut nicht zu stören, denn er steuerte immer wieder auf die großen Wellen zu. Ich blieb so lange sitzen, bis es mir zu kalt wurde und ich zurück zu meinem Zelt ging.

Celario, 18.08.2019

Nach einem Regentag habe ich ein kleines Einzelzimmer bekommen. Es war so klein, dass neben dem Bett nur noch der Rucksack passte. Es war sehr schwirig, meine nassen Sachen zum Trocknen aufzuhängen. Die Nacht am Zeltplatz war gut, und der erste Wegabschnitt war schön. Dann begann es zu regnen. Trotzdem lief ich noch 2–3 Stunden weiter. Es war kalt, und ich dachte mir: *"Welchen Sinn ergibt es, im Regen noch weitere fünf Kilometer zu gehen?"* Also beschloss ich, mir eine Unterkunft zu suchen. Im nächsten Ort fragte ich beim ersten Hotel. Doch wieder bekam ich zu hören: „*Completo!*" Ja, wahrscheinlich ist es voll, nur für nasse Pilger. Dann sah ich immer wieder die Plakate für eine private Pilgerunterkunft. Sie war nicht leicht zu finden. Dort traf ich den Besitzer und sagte auf Spanisch, dass er bitte nicht „*completo*" sagen soll. Er verneinte und gab mir erst einmal ein Handtuch, um mein Gesicht abzutrocknen – und einen Saft zu trinken. So nass, wie ich war, sah ich sicher schrecklich aus. Dann fragte er, ob ich in einen Schlafsaal gehen mochte. Ich wollte wissen, ob es ein gemischter Raum wäre. Er bejahte. Anscheinend war mein Gesichtsausruck nicht begeisternd. Daraufhin gab er mir dieses kleine Einzelzimmer. Inzwischen trocken meine Sachen so langsam. Meine Knie tun mir heute besonders weh. Da ist es hilfreich, zu wissen, dass ich die ersten 400 km hinter mir habe. Die erste Hälfte ist also geschafft. Für morgen habe ich ein Bett reserviert. Ja, es fühlt sich besser an, zu wissen, wo man am Abend schlafen kann, als aufs Geratewohl loszugehen. Vielleicht mache ich das ab jetzt regelmäßig. Da wandert man doch viel entspannter. Wie weit ich am

Dienstag gehen will, habe ich noch nicht festgelegt, aber warum für übermorgen planen? Heute ruhe ich mich erst einmal aus.

Pineres de Pria, 19.08.2019

Heute übernachte ich in einer hübschen kleinen ländlichen privaten Herberge. Rose de la Cosme. Die Nacht kostet nur 10 Euro, und die Besitzerin sammelt die Schmutzwäsche ein, wäscht sie, steckt sie in den Trockner und legt sie zusammen. „*Echt sehr nett!*" Das machte sie für alle ankommenden Pilger bis zum späten Abend. Der heutige Abschnitt war sehr kurz und angenehm. Hier laufen Hühner und Katzen rum, und der Hahn kräht. Aus Spaß fragte ich die Mutter der Besitzerin, ob es zum Frühstück frische Eier gäbe. Sie meinte, das müsse sie erst ihre Tochter Rose fragen. Später kam sie mit einem kleinen Körbchen zurück, in dem zwei Eier lagen. Ich freute mich aufs Frühstück. Da sagte ein junger Deutscher, dass er auch Eier möchte. Ok, ich kochte also nur ein Ei hart, zum Mitnehmen. In der Früh sagte ich, dass das sein Ei ist, doch er wollte es nicht. Also musste ich noch mal ein einzelnes Ei kochen. Aber unterwegs habe ich mich darüber dann sehr gefreut. Inzwischen flattert mein Zelt auf der Wäscheleine. Mehr als 400 km sind geschafft, laut Reiseführer ist sogar die Hälfte des Weges geschafft. Meinen Knien geht es gar nicht gut. Ich habe mir Ibuprofen-Schmerztabletten gekauft. „*Ich werde auf keinen Fall den Camino abbrechen. Nein, ich werde in Santiago ankommen!*" In der Herberge hatte ich ein kurzes Gespräch mit einer Schweizerin. Sie sagte, sie sei Polizistin und mache bereits ihren vierten Camino. Bei jedem Mal kauft sie sich Souvenirs und einen neuen Stock. Im Flugzeug kann sie ihn als Sperrgepäck aufgeben. Ich habe sie nicht gefragt, warum sie so viele Caminos gemacht hat und immer wieder macht. Hier, in der Herberge, sind Frauen aus den USA, die auch bereits viele Male am Camino unterwegs waren und immer wieder losziehen. „*Warum auch immer.*" Am Abend ruhte ich mich in der Herberge aus und hörte Musik. Das Bett wackelt sehr. „*Na, das wird lustig, wenn ich nachts aufs Klo gehe!*"

Anwadi Privathotel, 21.08.2019

Gestern kam ich in Colungo auf einem Zeltplatz an, nach 32 km mit nur einer Pause von 15 Minuten. Um 16 Uhr war ich fertig mit dem Zeltaufbau und verbrachte dann vier Stunden am Strand. Ich habe danach sehr gut geschlafen. Heute war ein wunderschöner Tag, denn der Weg war sehr abwechslungsreich. Zu Mittag ging ich an einer ehemaligen Herberge vorbei. Ich entdeckte, dass es Automaten gab und dass man auch etwas zu essen bekommen kann. Alles auf Spendenbasis. Die Besitzerin machte Sandwiches und Kaffee. Da saß ich dann sehr lange in der Sonne, machte eine ausgiebige Mittagspause und freute mich über Gespräche mit vielen anderen Pilgern, die vorbeikamen. Auch der Südtiroler Orthopäde tauchte auf. Ich fragte ihn wegen meiner Knie, und er untersuchte sie. Es war beruhigend zu erfahren, dass es keine Sehnenscheidenentzündung ist, sondern dass nur die Muskelansätze betroffen sind und dass sich das wieder gibt. Ich hatte nämlich schon Angst, dass ich mir meine Knie durch den langen Weg ruinieren könnte. Er meinte, ich solle mir eine Voltaren-Salbe kaufen.

Zeltplatz Deva, 22.08.2019

Heute wurden wir mit Musik geweckt. Die Nacht war dunkel und friedlich. Bereits um 7:30 Uhr lief ich los. Doch dann habe ich mich total verlaufen. Es gab gelbe Pfeile in alle Richtungen. Ich irrte stundenlang durch die Gegend. Selbst mit Google Maps fand ich den Weg nicht. Immer wieder sagte die freundliche Stimme des Navis: links abbiegen, doch egal, welchen Weg ich links wählte, er führte immer in eine Sackgasse. Ich wusste zwar die Richtung, doch ich konnte die Autobahn nicht überqueren. Schließlich war da ein Wegweiser zurück zu dem Ort, wo ich gestern war. Ich dachte, ich gehe zurück zur Herberge, übernachte dort noch mal und fange morgen von vorne an. Doch dann verwarf ich den Gedanken. Ich bog also nicht links ab, sondern ging geradeaus weiter. Da sausten etliche bellende Hunde auf mich zu. Ich versuchte sie zu verscheuchen, und mir kamen die Tränen. Ich war einfach fix und fertig. Da kam eine Frau aus dem Haus und rief die Hunde zurück. Sie sprach mich freundlich an und sah, dass ich völlig aufgelöst war. Sie bot mir an, mich am Abend nach Gijon zu fahren. Zuerst überlegte ich, doch dann lehnte ich ab. Sie erklärte mir den Weg. Immer bergauf, vorbei an einem Brunnen, bis oben eine Straße vorbeiführt. Ich bedanke mich und kämpfte mich den Berg hinauf. Immer wieder musste ich anhalten und schließlich mich hinsetzen. Ich kam dann doch oben an und sah die Straße. Von rechts kam ein gelber Pfeil und einer war links. Nun konnte ich erleichtert den Berg wieder runtergehen bis zu einem Ort. Dort traf ich andere Pilger, die mit dem Bus nach Gijon fahren wollten. Eine Frau ging mit mir zu Fuß weiter. Der Weg begann wieder bergauf zu gehen, und ich hatte das Gefühl, es nicht mehr zu schaffen. Ich musste einfach viele Pausen machen. Als der Zeltplatz endlich in Sicht kam, war ich heilfroh. Die Frau nahm von hier den Bus nach Gijon. Man hatte mir vom Swimmingpool vorgeschwärmt. Doch ich war zu erschöpft, um schwimmen zu gehen. Das Zelt aufzubauen ging noch. Dann setzte ich mich in die Cafeteria und ruhte mich aus und hängte mein Handy an die Steckdose. Nachdem ich mich etwas erholt hatte, dachte ich, dass es doch schade wäre, den Pool nicht zu nutzen. Also zog ich den Badeanzug an und begann, in den Pool zu steigen. Ein junger Bademeister sagte zu mir „*You need this!*" und drückte mir eine Badekappe in die Hand. Um länger zu schwimmen, war ich zu erschöpft, und die Knie schmerzten. Ich sah dann die junge Fotografin, die junge Österreicherin und den Deutschen, die ich immer wieder mal getroffen hatte. Sie wollten in der Pilgerherberge am Zeltplatz übernachten. Sie bedauerten, dass sie nicht in den Pool konnten, denn sie hatten keine Badekappen. Ich freute mich auf mein Zelt und hörte noch eine Weile Musik, bevor ich einschlief. Morgen werde ich nach Gijon laufen und dann den Bus nach Avilles nehmen und so durch das Industriegebiet gelangen. Ich ging früh ins Bett und verkroch mich in meinem Schlafsack.

St. Martin, 23.08.2019

Ich hatte einigermaßen gut geschlafen. Wieder war das Zelt in der Früh tropfnass. Da macht das Zusammenpacken wenig Freude. Ich marschierte nach Gijon und fand den Sandstrand dort wirklich hübsch. Eine Weile spazierte ich durch die Stadt und schaute mir die Häuser und kleinen Gassen an. Dann fragte ich nach dem Busbahnhof. nachdem ich in einem winzigen Café Kaffee getrunken hatte. Mit dem Bus fuhr ich nach Avilles. Inzwischen war es wieder sehr heiß geworden. Es war mühsam, nicht nur wegen der Hitze, sondern weil ich Bauchweh hatte. Das wird schon wieder vergehen. Und: ich bin bereits über 500 km gegangen! Die Herberge liegt auf einem Berg und befindet sich in einem ehemaligen Pfarrhaus. Im Ort fand ich die Pfeile nicht und ging dann über einen anderen Weg den Berg rauf. Vorher kam ich am Supermarkt vorbei und konnte mir Lebensmittel kaufen. Die Herberge war wenig belegt, und so gab mir der Hospitalero ein Zimmer mit Stockbett für mich allein. Ich war ziemlich unmotiviert, und da tat es mir gut, dass er laute Musik laufen ließ. Mein nasses Zelt musste ich aufbauen, denn auf der Leine wäre es nicht so schnell getrocknet. Später kam eine junge Österreicherin, die ich auch immer wieder getroffen habe. Sie hatte entdeckt, dass in Gijon der Cirque du Soleil Aufführungen hatte, und sie wollte unbedingt hin. Sie überlegte hin und her. Es kostet Geld, wie soll sie hinkommen? Sie verliert Zeit. Sie telefonierte mit ihrer Mutter und ihrem Freund. Beide versuchten es ihr auszureden. Ich sagte: *„Was lässt deine Seele singen? Fühl es erst mit dem Herzen und mache die Idee nicht mit vernünftigen Gedanken kaputt. Erst wenn du weißt, was du wirklich willst, kannst du herausfinden, wie es funktionieren kann."* Später sah ich sie wieder, und ihre Augen funkelten wie zwei Sterne. Sie hatte sich entschieden und mithilfe des Hospitaleros eine Eintrittskarte besorgt und ausgedruckt. Sie konnte mit dem Bus bis Avilles fahren, von dort nach Gijon und am Abend zurück und in derselben Herberge übernachten. Ich freute mich mit ihr.

Soto de Liuna, 24.08.2019

Ich bin endlich in Soto de Liuna angekommen und ziemlich kaputt. Der heutige Weg war angenehm und schön. Die Hitze war endlich vorbei. Es ging durch den Wald, durch ländliche Gegenden und kleine Dörfer. Nun überlege ich, wie weit ich morgen gehen möchte. Im Moment graust es mir vor den Betten der Herbergen. Die Schlafsäle sind riesig. Später konnte ich einen Kissenbezug und Überzug für die Matratze für einen Euro bekommen. Es waren sehr viele Pilger hier. Manche kochten, andere aßen und tranken Wein miteinander. Eine Holländerin überlegte, ob sie mit dem Weg aufhören soll, da sie sich ihren Fuß verletzt hatte. Sie saßen noch bis spät nachts draußen, während ich es vorzog, früh in den Schlafsack zu kriechen.

Herberge Queruas, 25.08.2019

Trotz der Befürchtungen habe ich recht gut geschlafen. Natürlich begann die Unruhe im Schlafsaal bereits gegen fünf Uhr. Trotzdem ging ich aber erst gegen acht Uhr los. Es war kalt und begann zu regnen, und meine Motivation war auf dem Nullpunkt. Irgendwie schien es immer nur sonntags zu regnen. Zum Glück hörte der Regen bald auf. Unter dem Regenponcho schwitzt man nämlich extrem. Dann ist man zwar nicht vom Regen, aber trotzdem nass. Ich traf eine Gruppe spanischer Tageswanderer und schloss mich ihnen eine Weile an. Sie hatten eine gute Wegbeschreibung, und das machte es mir leicht, den Weg zu finden. Der Weg verlief an einer Straße entlang, aber immer wieder durch den Wald. Siebenmal ging es bergab und bergauf. Einmal führte der Weg durch einen Tunnel unter der Straße durch. Dort war es absolut dunkel. Ich nahm meine Stöcke und hob meine Füße bei jedem Schritt, damit ich nicht stolperte. Die anderen suchten ihre Taschenlampen oder Handys. Doch bevor sie Licht hatten, war ich schon durch. Zu Mittag wollte ich etwas essen. Es regnete wieder und war kalt. In einem Dorf fragte ich nach einem

Restaurant. Das Erste, das ich sah, war total vornehm, und ich traute mich nicht hinein, so tropfnass, wie ich war. Ich fragte ein paar Leute auf der Straße. Sie erklärten mir den Weg. Ich fand sie also, die kleine Bar. In dem Dorf war irgendein großes Fest. Die Menschen waren festlich gekleidet und strömten in alle Bars. In der Bar gab es absolut nichts zum Essen. Ich bekam nur einen Kaffee, den ich im Freien frierend trank. Ein paar junge italienische Pilger tranken Wein, und ich fragte sie, wohin sie gehen. Da packte eine junge Frau eine Schokolade aus, und ich fragte, ob ich etwas bekommen kann. Später kam mir mein Verhalten extrem unhöflich war. Doch sie gaben mir bereitwillig zu essen. Da es sehr kalt war, brach ich schnell wieder auf. Später beschloss ich, an der Straße weiterzugehen. Das war auch anstrengend, aber ich kam schneller voran. Zwar war der Weg anstrengend, aber mir hat die Abwechslung sehr gut gefallen. Am Schluss wollte ich eine Abkürzung nehmen, doch die führte irgendwo anders hin, und ich musste umkehren. Hätte ich mich doch einfach an die vorgesehene Route gehalten. Schließlich dauerte es viel länger, als wenn ich gleich weitergegangen wäre. Ich hatte mir eine private Touristenherberge ausgesucht. *„Und oh Wunder: Es gab tatsächlich Platz!"* Die kleine Herberge war liebevoll dekoriert, die Betten waren in Kojen durch lindgrüne Vorhänge getrennt. *„Wirklich hübsch!"* Die Besitzerin machte mir am Abend einen riesigen gemischten Salat, und ich fühlte mich total wohl.

Penuera 26.08.2019

Wir sind in einer öffentlichen Herberge angekommen, und es gab um sechs noch Betten. Die gestrige Herberge habe ich sehr genossen, auch wenn irgendjemand sehr geschnarcht hat. Der heutige Weg war hübsch, und ich konnte mit zwei Deutschen gemeinsam gehen. Die eine Frau ist Lehrerin und macht gerade ein Sabbatical. Sie war total genervt, weil sie wegen des Schnarchens sehr schlecht geschlafen hatte. Ich versuchte sie stundenlang aufzumuntern. Erst schenkte ich ihr einen Vierklee, den ich am Wegrand entdeckt hatte, später lud ich sie auf einen Kaffee ein. Sie wollte noch eine Weile am Hafen sitzen bleiben, und ich dachte mir, dass der Weg angenehmer ist, ohne jemanden an der Seite zu haben, der beschlossen hat, den ganzen Tag schlecht gelaunt zu sein. Da wir sehr spät gestartet waren, sind wir natürlich sehr spät angekommen. Doch es regnete nicht und war ein guter Tag. *„Nur noch 227 km bis Santiago!"*

Tapia de Cosveres, 27.08.2019

In der Nacht war Flut, das Wasser kam ganz nahe an die Herberge heran, und so konnte ich die gewaltigen Wellen im Bett hören. Im warmen Schlafsack zu liegen und das Meer rauschen zu hören, war so gemütlich. In der Früh hatte ich große Startschwierigkeiten: Kälte, mangelnde Motivation, Knieschmerzen. Immer wieder rechnete ich mir aus, wie viele Tage ich noch brauchen werde. Eine Weile ging ich mit einer Ungarin, doch sie machte immer wieder Pausen. Da war es besser, alleine weiterzugehen. Bevor der Weg ins Landesinnere führt, kam er noch mal an einem Strand vorbei. Ich nahm eine Schmerztablette und holte mir meinen mp3-Player raus. Danach ging das Weitergehen etwas besser. Schnell war ich in Ribadeo. An der Tourist-Information erfragte ich, dass die Herbergen in der nächsten Nähe geschlossen sind. Ich bekam die Info von einer privaten Herberge etwas abseits vom Camino. Auf dem Platz vor der Kirche setzte ich mich ins Straßencafé eines Hotels und konnte mich mit Kaffee und Toast stärken. Der weitere Weg fiel mir leicht. Ich fand die Herberge zusammen mit einem Berliner Vater und dessen erwachsenem Sohn. Sie erzählten, dass sie bereits zum dritten Mal einen Camino machten. Ich fragte sie warum, und die Antwort verblüffte mich: *„Weil wir es können!"* Das ist auch ein Grund. Nach Ribadeo begannen neue Zeichen für den Camino. Der Weg in Galicien unterscheidet sich vom Küstenweg. Er ist merklich anders. Alles scheint irgendwie leichter zu gehen. Vielleicht liegt es auch daran, dass die Landschaft den Landschaften ähnelte, wie ich sie kenne und gewohnt bin.

Louranca, 29.08.2019

Ich bin wieder in einer privaten, schönen Herberge. Der Weg in Galicien ist schön und leicht zu finden. Auf jedem Kilometerstein mit gelbem Pfeil steht auch die Kilometerzahl drauf, wie weit es noch ist bis Santiago. Heute war es neblig und kalt. Ich zog den Poncho an. Zwar wurde ich nicht nass, aber dafür schwitzte ich extrem. In einem Dorf gab es ein Café, das dafür bekannt ist, dass es sehr pilgerfreundlich ist. Ich setzte mich hinein und wärmte mich auf. Ich zog die nassen Socken aus und ließ meine Füße etwas trocknen. Zuerst aß ich Tortilla mit Kaffee. Doch ich hatte noch Hunger, und so aß ich danach Toast mit Marmelade. Unterwegs hatte ich mehrere Vierklees gefunden und schenkte je einen der Frau an der Theke und ihrem Bekannten. Da holte sie eine kleine Anstecknadel mit Muschel. Ich meinte, dass ich etwas verschenke ohne ein Gegengeschenk. Sie antwortete, dass das aber hier üblich wäre. Der Mann schenkte mir ein Pilgerarmbändchen. Nach dem ausgiebigen Mittagessen war ich gut erholt und aufgewärmt. Daher kam ich sehr gut voran. Nachdem ich in der Herberge mein Bett bezogen hatte, machte ich eine Kirchenführung durchs Kloster mit. Andy, ein Amerikaner aus Seattle, den ich in der Herberge getroffen hatte, war auch mit dabei. Später, beim Abendessen, erzählte er mir seine Lebensgeschichte. Und dass er zwei Jahre lang diese Reise geplant hatte. Seine Frau wäre die Projektmanagerin. Sie hatte für ihn die Herbergen reserviert. Er sei verpflichtet, Tagebuch zu schreiben, und am 7. September wollen sie sich vor der Kathedrale treffen und dann gemeinsam ihren 30. Hochzeitstag begehen. Danach wolle er die Asche seines Vaters zu einem bestimmten Ort in La Mancha bringen. Dieser Ort kommt in der Geschichte von Don Quichote vor. Dieses Buch verbindet ihn mit seinem Vater. Obwohl der Vater vor drei Jahren gestorben war, hatte er es nicht verarbeitet, vor allem, weil die Beziehung zu seinem Vater nie gut war. An dessen Lebensende erst recht nicht. Unterwegs habe ich dann mit mehreren anderen Pilgern darüber gesprochen, dass ich mit der Asche eines Verstorbenen im selben Raum übernachtet hatte. Da erfuhr ich, dass das kein Einzelfall ist. Eine Frau berichtete mir von einer jungen Mutter, deren Kind an Krebs gestorben ist und dessen Asche sie bis nach Finistere tragen wollte, um sie dort zu verstreuen. Ein anderes Mal hörte ich die Geschichte einer Frau, die ihren Lebenspartner in Form von Asche mitgenommen hat, auch, um ihn in Finistere zu verstreuen. Finistere – das Ende der Welt scheint dafür ein sehr beliebter Ort zu sein.

Abadi, 30.8.2019

Heute bin ich wieder sehr früh aufgestanden und weiß eigentlich nicht warum. Das Frühstück gab es um 6:30 Uhr. Draußen war es stockdunkel, und weil ich sehr schlecht geschlafen hatte, wollte ich am liebsten liegen bleiben. Doch als ich losging, begann es zu dämmern, und die klare Luft hat mir sehr gut getan. Die morgendlichen Wanderungen mag ich sehr gerne. Bereits nach zwei Stunden war ich Montevideo. Da ich mir die Kirche ansehen wollte und sie erst um 10 Uhr aufsperrte, hatte ich genügend Zeit, gemütlich Kaffee zu trinken. Eigentlich dachte ich, ich würde Andy hier treffen, aber er war nicht da. Stattdessen sprach ich zwei junge Pilger an und erfuhr, dass sie aus Ost Kanada kommen. Später habe ich sie immer wieder mal getroffen, und als sich unsere Wege trennten, war ich richtig traurig. Unterwegs fand ich wieder etliche Vierklees und schenkte sie ihnen. Sie meinten, dass sie noch nie einen gefunden hatten. Um 10 Uhr besuchte ich die Kirche und bekam ein Gerät, um mir die Erklärungen anzuhören. Die Kirche war interessant, aber mir gefiel sie nicht. Danach ging der Weg kontinuierlich bergauf, trotzdem kam ich gut voran. Gegen 15 Uhr erreichte ich den kleinen Ort vor meiner Herberge. Vor einem Café traf ich die beiden Kanadier wieder. Ich machte kurz Pause, unterhielt mich mit ihnen und marschierte dann zum nächsten Ort zu meiner Unterkunft. Die beiden wollten aber hier übernachten. Meine Herberge war kaum belegt, und so hatte ich einen Schlafraum für mich allein.

Vilalba, 31.8.2019

Der heutige Weg war sehr kurz und angenehm. Da es unterwegs keine Bar oder Cafés gab, verspeiste ich eine ganze Rolle Schokokekse. Angekommen in Vilalba, stellte ich fest, dass alle Supermärkte geschlossen waren, Nein, es war nicht Sonntag, sondern es fand ein Dorffest statt. Da ich die Herberge nicht fand, fragte ich eine Frau, die in Festtagskleidung unterwegs war. Sie zeigte mir den Weg. Ich checkte ein und wollte zum Fest gehen. Ich dachte, wo gefeiert wird, gibt es auch etwas zum Essen. Doch das war falsch gedacht. Der Festplatz war voller Menschen, alle in Festtagskleidung oder Trachten. Auf der Bühne spielte eine Musikkapelle, als Dekoration baumelten bunte Schirme über der Straße. Zum Trinken gab es überall etwas, doch nirgendwo eine Imbissbude o. Ä. Dann sah ich ein Mädchen mit einer Tüte Pommes frites in der Hand. *„Ich dachte, da muss ich suchen, da gibt's etwas zum Essen!"* Schließlich fand ich die Bude und war heilfroh, endlich etwas Essbares gefunden zu haben. Zurück in der Herberge, legte ich mich auf eine Bank auf der Terrasse in die Sonne und schlief ein. Später ging ich mit einem jungen Deutschen noch mal zum Fest. Dort traf ich wieder auf Andy aus Seattle. Wir hörten der Musikkapelle zu. Der junge Mann hatte auch Hunger, und ich zeigte ihm die Pommes-frites-Bude. Da es schnell kalt wurde, verließen wir das Fest recht bald wieder.

Bamonde, 1.9.2019

„Nur noch 100 km bis Santiago!" Plötzlich ging es wirklich schnell. Und genauso schnell ist es dann vorbei. Das fühlt sich merkwürdig an. Außerdem habe ich mich von netten Menschen verabschiedet, die ich wahrscheinlich nie mehr wiedersehen werde. Die nächsten Tage mache ich nur kurze Etappen bzw. suche mir gezielt aus, wo ich hin möchte. In einem Guest House im Kloster hatte ich per Mail angefragt, ob sie ein Einzelzimmer haben, mal sehen, ob das klappt.

Sobrado de Monxes, 3.9.2019

Gestern habe ich ganz vergessen zu schreiben. Ich war in einer hübschen Herberge der britischen Jakobsgemeinschaft. Sie wird von amerikanischen Volontären betreut. Die Herberge liegt mitten in der Natur, hat einen Garten und großen Aufenthaltsraum. Eine der Freiwilligen machte für mich Kaffee. Später schnitt sie Käse und Wurst in Stücken, als Imbiss. Dazu konnte man Wein trinken. Ich ruhte mich im Gras liegend aus. Ich fühlte mich in der Herberge mit diesen Menschen so wohl, dass ich am liebsten länger dort geblieben wäre. Es gab dann sogar noch Frühstück, und alles auf Spendenbasis. Als ich dann auch noch das Nutella-Glas entdeckte, war ich glücklich. In meiner Kindheit gab es Nutella nur an Geburtstagen. Der Tag fing also wunderbar an. Der heutige Weg war 25 km lang, aber es kam mir nicht lang vor. In Sobrado des Monxes bekam ich, kurz bevor die Herberge öffnet, eine E-Mail, dass sie kein Einzelzimmer für mich haben, Ich bekam also nur ein Bett in der sehr großen Herberge. Es gab vier Schlafsäle mit je 26 Betten. In der Klosterkirche nahm ich an der Vesper teil. Danach ging ich noch mal raus und redete mit einer Spanierin, die mit Zelt und großem weißen Hund unterwegs ist. Ich hatte sie schon öfter gesehen. Sie erzählte mir, dass sie vor einem Jahr ihr Kind verloren hatte und dann geschieden wurde. Sie wolle nun ganz neu anfangen, und durch den langen Weg und das Alleinsein hätte sie neuen Mut gefasst. Sie sagte, sie hätte *das Licht gesehen,* wie sie es nannte. Außerdem sagte sie mir, was sie gedacht hatte, als sie mich zum ersten Mal sah: *„Eine starke Frau! So wie sie selbst!"* Das ist doch ein schönes Kompliment!

Casa de Ocas, 5.9.2019

Gestern habe ich nichts geschrieben. In der Früh war ich in der Messe bei den Mönchen. Davor hatte ich Kaffee getrunken und musste dringend aufs Klo. Also verließ ich die Kapelle und rannte auf die Toilette. Ein Mann war damit beschäftigt, sie zu putzen.

Die Klos waren offensichtlich geputzt, doch ich musste dringend. Als ich beschäftigt war, schimpfte der Mann laut auf Spanisch. Schließlich nahm er den Wasserschlauch und spritzte unter der Wand durch. Das hatte ich erwartet. Deshalb hob ich zwar meine Füße, aber so hoch ging es nicht, und so waren sie total nass. Ich versuchte, schnell fertig zu werden. Und mir kamen die Tränen. Ich flüchtete und traf auf einen jungen Volontär, der mich fragte, was passiert war. Er sprach dann mit dem Putzmann. Und ich dachte: *„Ich bin eine Frau über 60 und beginne zu weinen."* Das zeigte mir, wie sehr meine Gefühle insgesamt blank lagen. Ich ging los und sah die Spanierin mit Hund vor einem Café sitzen Sie begrüßte mich freundlich, und ich frühstückte. Danach ging es mir besser. Der heutige Weg war wieder kurz, und bereits um 13 Uhr war ich vor der Herberge. Ich hatte keine Lust, weiter zur nächsten Stadt zu gehen. Insgesamt waren wir nur drei Personen: eine junge Frau, ein Mann und ich. Er erzählte uns seine ganze Lebensgeschichte und dass er Alkoholiker ist. Ich fragte ihn, ob er aggressiv wird, wenn er betrunken ist, und er verneinte. Er trank eine ganze Flasche Rotwein. Als wir schlafen wollten, begann er plötzlich, sein Handy zu suchen. Mehrmals leerte er seinen Rucksack aus und immer wieder. Er schimpfte und fluchte, sprach das Vaterunser und beendete es mit *„Scheiße!"* Dann sagte er, er ist Jesus und braucht keinen Schlaf. Ich dachte, dass ich nicht Jesus bin und sehr wohl meinen Schlaf benötige. Da ich Angst hatte, er könnte wirklich aggressiv und tätlich werden, stellte ich mich schlafend. Der Mann schlug gegen die Wand und verschwand schließlich aus dem Schlafraum. Ich hatte bereits überlegt, die Notrufnummer anzurufen, die auf der Pinnwand steht. Als dann plötzlich nichts mehr zu hören war und ich Angst hatte, er könnte irgendwo bewusstlos liegen, ging ich nachschauen. Er saß vor der Herberge und rauchte. Er hatte sein Handy irgendwo gefunden. Wegen dieser nächtlichen Aktion habe ich sehr wenig geschlafen. Auch heute war der Weg für mich kurz. In Azua kommen drei Caminos zusammen: der *Camino del Norte*, der *Camino Frances* und der *Camino Primitivo*. In Azua waren sehr viele Pilger unterwegs. Unterwegs sprach ich mit einem Mann, der bei einem Unfall seinen Sohn und seine Frau verloren hatte. Er möchte in Santiago für sie eine große Kerze anzünden. Er sagte, dass der lange Weg ihm geholfen hatte, Frieden zu finden. Für ihn ist er heilsam. Er ist von Deutschland losgegangen und möchte auch wieder zu Fuß zurückgehen. Ich übernachte in einer Herberge abseits vom Camino. Am Nachmittag konnte ich etwas Schlaf nachholen. Dass ich bald in Santiago sein werde, löste in mir sehr viele Gefühle aus.

Acro/Perouzo, 6.9.2019

Wieder bin ich vor einer sehr großen öffentlichen Herberge angekommen. Sie hat 126 Betten. Die Pilger stellen ihre Rucksäcke in einer Reihe auf und gehen dann weg. Also warteten ihre Rucksäcke für sie. Der heutige Weg führte durch Eukalyptus- und Eichenwälder. Echt schön! Die Bäume rauschen sehr unterschiedlich. Ich war schon im Morgengrauen unterwegs und habe den Weg genossen. Der kalte Wind beginnt immer erst zu Mittag. Unterwegs kam ich an einem kleinen Stand vorbei. Ein Mann verkaufte seinen Bücher und hatte auch einen Stempel. Ich trug mich in sein Gästebuch ein, und der Mann verabschiedete mich mit einer Umarmung. Das fand ich sehr berührend, auch im übertragenen Sinne. Inzwischen waren sehr viele Pilger unterwegs. Das Gehen auf der Pilgerautobahn ist mühsam. Entweder muss man bremsen oder beschleunigen, um zu überholen. So macht das Wandern keinen Spaß. Nach dem Mittagessen, Salat und Gemüsestrudel, spazierte ich durch den Ort. Alles kam mir absolut absurd vor. Die Läden, die Pilger, die unzähligen Herbergen und Pensionen. Man bekam den Eindruck, dass es mehr Unterkünfte für Pilger als normale Häuser gibt. Die Sonne scheint. Das macht das Ganze erträglicher. Morgen ist mein letzter Tag, und am Sonntag bin ich in Santiago!

Nur noch wenige Kilometer bis Santiago. Ich wollte mir Zeit lassen, da ich ja erst ab 10. September ein Hotelzimmer gebucht hatte. Es war Samstag, der 7. September. Ich hatte in der öffentlichen Herberge von Petrouzo übernachtet. Dort gibt es 126 Betten. In der Früh gingen verschiedene Handywecker, und die Menschen begannen, hörbar aufzustehen und ihre Sachen zu packen. An weiterschlafen war nicht zu denken. Also stand ich auf. Frühstückte in der leeren Küche und packte meinen Rucksack. Als ich fertig war, holte ich mein Handy raus und schaute auf die Uhr. Ich dachte: „Oh, Sch…! *Es ist ja erst fünf Minuten nach sechs!*" Tja, ich ging trotzdem los. Es war stockdunkel, und der Sternenhimmel war wunderschön. Als ich aus der Stadt rauskam, begann der Wald. Die Pilger vor mir holten eine Taschenlampe aus dem Rucksack, und so konnte ich hinter ihnen herlaufen. Es war ein Eichenwald, und dazwischen gab es auch Eukalyptusbäume. Zaghaft begannen ein paar Vogel zu zwitschern, und es dämmerte langsam. Die Stimmung war wirklich schön. Bald konnte ich ohne Licht genug sehen. Und schon tauchte das erste Café auf. Ich trank Kaffee und holte mir einen Stempel. Beim nächsten Café trank ich noch einen und bekam noch einen Stempel und ein Croissant. Von dem kleinen Tisch konnte ich gut die vorbeilaufenden Menschen beobachten. Die Strecke war sehr kurz, und bald war ich auf dem Berg Gozo. Von hier konnte man bereits Santiago in der Ferne sehen. Das war irgendwie beeindruckend. Endlich ist das Ziel in Sicht. Da die Herberge erst um 13 Uhr aufmachte, legte ich mich auf eine Bank in die Sonne. Es waren erst nur ein paar Menschen, die nach mir zu Mittag eingecheckt hatten. Ich bezog mein Bett und schaute mich dann um. Es gab sehr viele Gebäude, eines sah aus wie das andere. Dann suchte ich eine Cafeteria fürs Mittagessen. Sie gehört zum Hotelkomplex. Davor gab es etliche kleine Läden, doch alle waren leer. Eigentlich war der ganze Platz leer, und der Wind fegte Blätter und Staub durch die Gegend. Alles wirkte irgendwie absolut trostlos. Nach dem Mittagessen spazierte ich rum und wollte früh ins Bett gehen. Meine Vorstellung war, dass ich am Sonntag in aller Früh vor der Kathedrale ankomme. Ich fragte an der Rezeption, wann es in der Kathedrale Gottesdienste gibt. Ich wusste, dass die Pilgermesse zu Mittag um 12 Uhr ist. Ein Mann und die Frau an der Rezeption schauten mich an und sagten auf Spanisch, dass es keine Messe gibt. Ich fragte nach, denn am Sonntag muss es doch weitere Messen geben. Sie schauten mich unverständlich an, fast so, als käme ich vom Mond. Also versuchte ich es noch mal, und zwar auf Englisch. Da sagten sie mir, dass die Kathedrale renoviert wird und es überhaupt keine Messe in der Kathedrale gibt. Ich war total enttäuscht, hatte ich doch wochenlang die Idee der Messe in der Kathedrale als Abschluss meines Pilgerweges im Kopf. Ich ging sehr früh schlafen und freute mich auf den Weg und meine Ankunft in Santiago.

Letzter Tag am Camino, 07.09.2019

Die Nacht war kurz und wurde unterbrochen, denn im Bett über mir schlief eine Pilgerin in einer Notfalldecke aus Metallfolie. Bei jedem Umdrehen knisterte es extrem laut. Außerdem war diese Frau sehr gewichtig, und mein Bett wackelte. Bereits um sechs Uhr stand ich auf. Routine wie immer, Pulverkaffee und irgendetwas Schnelles zum Essen. Dann ging es los. Der Weg nach Santiago führte begab. Der Gehsteig glitzerte im Licht der Laternen, und oben am Himmel funkelten die Sterne. Die verschlafene Stadt war still, und die Straßen waren leer. Während des Gehens kamen mir auf einmal die Tränen. *„Ja, ich bin gleich in Santiago!!"* Noch in der Morgendämmerung kam ich vor der Kathedrale an. Es gab nur ein paar Menschen auf dem Platz. Ich ließ mich fotografieren, als ich auf das Tor der Kathedrale zuging. Die anderen Menschen verließen den Platz, und ich trat zurück bis ans Ende des Platzes. Da stand ich also in der Morgendämmerung vor der Kathedrale und weinte. Ich war total überwältigt. Da es nicht möglich ist, solche Augenblicke festzuhalten, verließ ich en Platz und spazierte durch die Straßen. Ich dachte, ich suche mal das Pilgerbüro, das laut Reiseführer erst um 10 Uhr öffnet. Als ich es fand, sah ich einen Security-Mitarbeiter an der Tür stehen, die offen war. Ich fragte, ob ich die Toilette aufsuchen könne. Ich musste mal, außerdem wollte ich mir eine lange Hose anziehen, weil es wirklich kalt war. Der Mann sagte, es wäre wichtiger, erst eine Nummer zu ziehen und dann aufs Klo zu gehen. Die ersten Pilger wären bereits ab kurz nach sieben Uhr Schlange gestanden. Ich zog also eine Nummer und erfuhr, dass meine Wartezeit zwei Stunden beträgt. Also verließ ich das Pilgerbüro, um erst einmal frühstücken zu gehen. Später sprach mich ein Mann an. Er zog sein Ticket mit der Wartenummer aus seiner Hosentasche und zeigte mir auf seinem Handy, welche Nummer gerade dran ist, und er lud mich auf einen Kaffee ein. Ich sagte nicht nein und trank den Kaffee sehr schnell. Da ich meine Nummer nicht verpassen wollte, ging ich los und hörte noch, wie er sagte, ich solle dann wieder vorbeikommen und ihm meine Nummer geben. Was ich aber nicht machte, sondern einen anderen Weg wählte, denn er wirkte aufdringlich und unsympathisch. Die Warteschlange war nicht mehr so lang, und bald kam ich dran. Zuerst bekam ich die Compostela, dann auch noch eine Urkunde über meinen Weg mit der Kilometeranzahl. Ich wollte dem unsympathischen Pilger nicht mehr begegnen und schaute erst vorsichtig, ob ich ihn irgendwo entdecke. Zum Glück war er nicht da. Am Nachmittag ging ich zur Herberge, wo ich ein Bett reserviert hatte. Ich checkte ein, konnte im kleinen Supermarkt im Keller etwas zu essen besorgen. Danach ging ich noch mal ins Stadtzentrum. Auf dem Platz vor der Kathedrale wimmelte es nur so von Menschen. Touristen und Pilger, alles bunt gemischt. Ich bin wirklich froh, dass ich meine Ankunft anders geplant und erlebt hatte. Da mir das bunte Treiben zu viel war, ging ich zurück zur Herberge, die oben am Berg liegt. Es war ein aufregender Tag, und ich legte mich ins Bett und hörte noch ein wenig Musik.

Santiago, 08.09.2019

Nach dem Frühstück ging ich wieder ins Zentrum. Ich wollte gerne mit Pilgern reden. Gestern, in der Warteschlange, sagte mir eine Deutsche, dass sie nun ihre vierte Compostela abholt. Sie hatte bereits vier Jakobswege gemacht. Ich fragte sie, warum, und sie antwortete, dass ich wahrscheinlich nicht solche Erfahrungen gemacht hätte wie sie. Das mag ja stimmen – und weiter? Doch damit war das Gespräch auch wieder beendet. Ich sprach in einem Cafe mit einer Mutter, deren kleine Tochter zwischen Buggy und Tischen rumlief. Von ihr erfuhr ich, dass sie aus Kanada ist und mit der 17 Monate alten Tochter den Camino Frances gemacht hatte. Ich fragte nach dem Vater, und sie antwortete, es gibt keinen, denn das Kind ist durch eine Samenspende entstanden. Sie wollte, dass ihre Tochter mit ihr gemeinsam spirituelle und religiöse Erfahrungen macht. Sie berichtete, dass es in den Pyrenäen auch schmale Wege am Abgrund gäbe. Da es ihr zu gefährlich war, trug sie zuerst das Kind hinüber und band es an einem Baum fest, dann holte sie den Kinderwagen. Ob das kleine Mädchen spirituelle Erfahrungen machte, kann ich nicht beurteilen, aber das Festbinden alleine ist schon eine so traumatische Erfahrung, an der sie ihr Leben lang zu knabbern haben wird. Als wir so im Gespräch waren, setzte sich ein weißhaariger Mann an den Nebentisch und mischte sich ins Gespräch ein. Wir baten ihn an unseren Tisch, und er und seine Frau erzählten, dass es ihr siebenter Camino gewesen ist. Ich konnte ihre Begeisterung nicht teilen, und so beendeten sie das Gespräch mit mir. Immer wieder erlebte ich so eine Reaktion. Wer nicht begeistert ist, nicht vom „Camino-Virus" angesteckt wurde, mit dem macht es keinen Spaß zu reden. Der hat wahrscheinlich den Camino nicht verstanden. Ich machte mich auf den Weg zur Pilgermesse in der Franziskanerkirche, die ich am Vortag mit dem Rucksack nicht besuchen konnte. Ich war eine halbe Stunde zu früh dran, und es tat mir gut, in der Kirche zu sitzen. Da tauchte er wieder auf, der Mann aus der Schweiz, der mich am Vortag auf einen Kaffee eingeladen hatte, und er setzte sich neben mich und wollte sofort ein Gespräch beginnen. Ich sagte ihm, dass ich extra früher in die Kirche gekommen bin, um Stille zu haben. Sofort überlegte ich, wie ich aus der Kirche rauskomme ohne ihn. Am besten nach der Kommunion. Die Messe wurde auf Spanisch und teilweise Englisch gehalten, und als Abschluss gab es einen Pilgersegen. Ich bin aber gleich nach der Kommunion ganz nach hinten in die Kirche gegangen und wollte mich auf die letzte Bank setzen, was mir von einer Frau verwehrt wurde, da der Platz besetzt wäre. Ich stellte mich also hinten hin, und der Platz blieb leer. Von hinten sah ich, dass der Pilger immer noch in der Bank stand und sich suchend umschaute. Nach dem Segen verließ ich die Kirche sehr schnell und ging noch mal ins Pilgerzentrum, erst aufs Klo, und dann schlenderte ich rum. Als ich dann von einer Mitarbeiterin des Zentrums blöde angeredet wurde, war mir wirklich alles zu viel. Die Menschenmassen, die Pilger mit ihren Pilgersymbolen, Muscheln am Rucksack am T-Shirt, überall das Pfeilsymbol. Ich brauchte dringend einen Kaffee und wollte einer Straßenmusikantin zuhören. Nach dem zweiten Kaffee ging es mir besser und ich beschloss, nur noch als Tourist unterwegs sein zu wollen. Zwei *richtige* Touristen aus Deutschland setzten sich zu mir an den Tisch, und wir konnten uns ganz normal unterhalten. Den Rest des Tages verbrachte ich in der Herberge bzw. im Garten davor.

Am zweiten Tag in Santiago saß ich im Speisesaal beim Frühstück. Plötzlich machte es *klick,* und ich hatte den Eindruck, aufgewacht zu sein. So, als ob ich fünf Wochen lang geschlafen hätte. Plötzlich war ich zurück in der Realität. Ich wunderte mich. „*Was war geschehen?"* Zuerst hatte ich den Eindruck, dass ich fünf Wochen lang rein gar nichts gedacht habe. Na ja, nur solche Sachen wie: „*Wie viele Kilometer mache ich heute? Bis zu welcher Herberge gehe ich? Hoffentlich bekomme ich einen Platz?"* etc. Viele Pilger wälzen Probleme und Fragen und sind den ganzen Tag mit sich selbst beschäftigt. Ich überlegte, was bei mir anders war. Ich war irgendwie immer total präsent. Sah und rettete die kleinen Schnecken am Weg, freute mich über die stacheligen Esskastanien, die haufenweise am Boden lagen, lauschte dem Wind und stellte fest, dass Eichenwälder ganz anders klingen als Eukalyptusbäume oder Bambus. Inzwischen habe ich aber herausgefunden, dass ich sehr wohl auch andere Gedanken hatte. Das fand ich dann wieder beruhigend. Ich bin also nicht als Schlafwandler unterwegs gewesen. Doch nun bin ich zurück im normalen Leben und muss damit zurechtkommen.

Das Leben, der Alltag am Trail oder als Pilger reduziert sich auf ganz wenig. Man steht auf, isst etwas und geht. Man geht und geht und geht und ist den ganzen Tag in der Natur. Und nun bin ich wieder in Gebäuden und lege nur kurze Strecken zurück. Noch fehlt es mir nicht, das Gehen. Ich bin beschäftigt, vieles zu organisieren, aber es beschäftigt mich schon, wo und wann ich wieder unterwegs sein kann.

Natürlich wird es noch dauern, aber ein vorläufiges Resümee kann ich schon jetzt schreiben.
Also:
Der Camino ist kein Trail!
Meine Trail-Ausrüstung würde ich für den Camino nicht empfehlen. Bei meinem Leichtrucksack ist das Außengestell bereits in der ersten Woche gebrochen. Meine amerikanischen Trailschuhe sind luftig und leicht, und man bekommt keine Blasen, aber für Asphalt und Straßen sind sie ungeeignet. Mein Daunenschlafsack ist viel zu warm und zu dick. Als Notausrüstung hätte ein einfaches Zelt, z. B. ein Tarp, gereicht.
Die Auswahl, welchen Camino man macht, ist vorher gut zu überlegen.
(Übrigens, man *macht* einen Camino. Ich hatte vorher immer gesagt, man geht einen Jakobsweg)
Der Camino de la Costa und Camino del Norte waren für mich die richtige Wahl.

Sekte

Santiago, 09.09.2019

Heute ist mir alles zu viel.
Nicht nur die Menschenmassen. Doch nicht nur das. Es kommt mir fast vor, als seien die Pilger eine Sekte. Sie verhalten sich teilweise so. Jeder, der nicht vom „*Camino-Virus*" angesteckt ist, ist

unbeliebt, und das Gespräch wird schnell abgebrochen. So habe ich es jedenfalls häufig erlebt. Die Camino-Fans tragen alle irgendwo das Symbol für den Jakobsweg: eine Muschel am Rucksack baumelnd, auch um den Hals oder als Ohrringe. Dann gibt's T-Shirts und Pullis in allen Farben, Hauptsache, eine Muschel ist drauf oder der gelbe Pfeil. Natürlich kommen noch die Pilgerstäbe dazu plus Rucksack – und fertig ist der Jakobspilger. Und diese „*Camino-Krankheit*" zeigt sich auch dadurch, dass sie wie eine Sucht ist: Die Menschen pilgern immer wieder. Und noch ein Camino und noch ein Camino und noch einer. Und wenn sie sich dann für jeden Camino auch noch eine Compostela ausstellen lassen, verstehe ich sie überhaupt nicht mehr.

Santiago, 10.09.2019

Ich hatte eine schlaflose Nacht, nicht nur wegen des Schnarchens, vieles ging mir durch den Kopf. Als die Unruhe im Schlafraum zu groß wurde, stand ich auf und gönnte mir ein ausgiebiges Frühstück. Ich hatte gelesen, dass es um 10:30 Uhr eine Pilgermesse auf Englisch gibt. Tja, da hatte ich mich verschaut, das Gespräch mit Englischsprachigen beginnt um diese Zeit, die Messe ist vorher. Ich kam also in die Messe, die bereits vor 30 Minuten angefangen hatte. Als dann am Schluss ein Lied angestimmt wurde, das ich von der Hochzeit meiner Tochter kenne und unzählige Male auf dem MP3-Player während des Caminos an den Abenden angehört hatte, kamen mir die Tränen. Ich fand es dann schön, noch mal einen Pilgersegen zu bekommen. Nach der Messe wurde ich auf einen Kaffee zur englischen Pilgerbetreuung eingeladen. Dort sollte jeder erzählen, warum er auf dem Jakobsweg gegangen ist und wie oft er einen Camino gemacht hat. Ein irischer Priester war 17-mal auf einem Camino, und dieses Jahr von Süden. Er ging den Camino de la Plata, den Silberweg. Er berichtete, dass er auf den ersten 800 km von 1200 km niemanden getroffen hatte und in den Herbergen ganz alleine war. Ich erzählte meine Geschichte, von der Planung und der Wanderung am PCT und wie es dazu kam, dass ich auf dem Camino del Norte gewandert bin. Bei der Verabschiedung bedankte sich eine Frau bei mir für meinen amüsanten Bericht. *„So so, mein Bericht war amüsant."* Doch damit ging es mir nicht schlecht. Zu Mittag konnte ich in mein reserviertes Hotel einchecken und machte einen Mittagsschlaf. Dann war ich in einem kleinen Café und ging dann zur Kathedrale, wo es ab 18 Uhr eine spirituelle Führung rund um die Kathedrale auf Deutsch gab. Es war informativ und hat mir gut gefallen. Irgendwie war mir der Gedanke gekommen, ich könnte auch mal als Hospitalero arbeiten. Ich erfuhr noch einiges darüber und suchte dann kurz nach Informationen im Internet. Diesen Gedanken werde ich mal im Kopf behalten. Freiwilligenarbeit habe ich ja sehr oft gemacht. Spanisch kann ich auch, und ich treffe gerne Menschen. Mal sehen.

Wunder am Camino

Seit Stunden war ich unterwegs. Die Herbergen waren alle voll, completo, wie das so schön heißt. Also marschierte ich weiter. Da weder Herberge noch ein Zeltplatz in der Nähe war, ging ich weiter und wollte mir einen versteckten Platz im Wald suchen. Das Wetter war schwül und heiß. Man schwitze von den Haarspitzen über den ganzen Körper bis zu den Zehenspitzen. Und dann ging der Weg auch noch extrem steil bergauf. Ich hatte wirklich zu kämpfen, war ich doch bereits seit über zehn Stunden unterwegs. Plötzlich fühlte sich mein Rucksack leichter an. Ich drehte mich um und schaute, ob ich etwas verloren hätte. Doch da lag nichts. Also ging ich weiter. Und der Rucksack war spürbar leichter. Oben angekommen, suchte ich mir einen Stellplatz für mein Zelt. Als es aufgebaut war und ich auf meiner Isomatte lag, dachte ich über das Erlebte nach und dankte dem freundlichen Engel, der mir beim Tragen geholfen hat.

Wunder Nr. 2:
Es war ein trüber Tag, und der Weg ging stundenlang auf der Straße entlang. Ich war unmotiviert und rechnete nach, wie viele Tage ich noch gehen muss und wie viele Kilometer pro Tag. Der Weg führte auch immer weiter durch den Wald, um die Kurven von der Straße abzuschneiden. So lief ich also vor mich hin, ohne viel zu denken, Plötzlich hörte ich Gesang. Erst in der Ferne, doch als ich weiterging, kam es mir näher vor. Es waren Frauenstimmen, und es klang fast wie der Gesang von Nonnen während eines Stundengebetes. Erst dachte ich mir gar nichts und ging einfach weiter. Dann überlegte ich, ob es eine Pfadfindergruppe sein konnte, von denen es viele gab. Doch die Stimmen waren so rein, und es klang absolut fröhlich und vor allem harmonisch. Nein, nicht wie ein geübter Chor, sondern es überwog die Fröhlichkeit, fast konnte ich mir das Lächeln der Frauen vorstellen. Im Wald war aber kein Kloster, es war überhaupt kein Haus, es waren auch weit und breit absolut keine Menschen zu sehen. Als ich weiterging, war der Gesang in der Ferne immer noch zu hören, bis ich zu weit weg war. Wer da gesungen hat – wer weiß das schon?

Menschen am Camino

Wenn ich noch einmal einen Camino machen sollte, würde ich mir mehr Zeit nehmen für die Menschen. Zwar liebe ich es, alleine unterwegs zu sein, und mir fehlt wirklich niemand. Ich brauche auch niemanden, um mich auszutauschen, aber durch diese Einstellung verpasse ich viele interessante und bereichernde Begegnungen. Doch im Nachhinein, wenn ich drüber nachdenke, fallen mir doch sehr viele Menschen ein, denen ich auf dem Weg begegnet bin bzw. mit denen ich eine Weile unterwegs war. Die junge Frau, die ihre Lehre als Fotografin gerade beendet hatte und nur vor ihrem ersten Job noch einmal ein paar Wochen Auszeit wollte. Sie war mit einer großen Kamera unterwegs und hat sich dann schnell zwei anderen jungen Menschen angeschlossen. Ein junger Mann, der ab Herbst an einer Kunsthochschule studieren möchte. Er hatte seine Malutensilien dabei und saß oft am Wegrand, um farbige Bilder zu machen. Und immer wenn es irgendwie möglich war, nutzte er die Gelegenheit und ging surfen. Die dritte im Bunde war eine Studentin aus Österreich, die Pech mit ihrem Handy hatte, das bereits in der ersten Nacht, beim Übernachten am Strand, ins Wasser fiel. Alle drei hatten nur wenig Geld und waren auf billige Unterkünfte angewiesen. Wenn diese voll waren, haben sie unter freiem Himmel übernachtet: am Strand, im Innenhof von Kirchen etc. Dann waren da die beiden deutschen Frauen, die sich am Camino gefunden hatten und dann immer gemeinsam unterwegs waren. Die eine war sehr schüchtern und reiseunerfahren. Dafür liebte sie es, mit ihrer weißen Hose öfter am Wegrand zu sitzen und Pause zu machen. Die andere ist eine beurlaubte Lehrerin, die in ihrem Sabbatical die halbe Welt bereisen möchte. In einer Herberge fragten sie mich, was der Camino für mich ist, ausgedrückt in zwei Substantiven. Ich war überrumpelt und antwortete, dass ich darüber noch nie nachgedacht hatte. Für die eine war der Camino *Balance* und *Kraft*, für die andere *Zuversicht* und *Hoffnung*. Ein paar Tage später traf ich sie wieder und meinte, dass zum jetzigen Zeitpunkt meine Antwort lautet: *Herausforderung* und *Erfahrung*. Dann gab es da das alte Ehepaar aus Österreich. Sie waren beide über 70, und so wie sie aussahen, staunte ich, dass sie überhaupt zu Fuß unterwegs waren. Immer wieder traf ich sie in den Herbergen. Die Frau sagte, dass sie erst siebzig Jahre alt werden musste, um in einem Schlafsack in einer Herberge mit unzähligen Menschen zu übernachten. Ich traf sie öfter in anderen Herbergen, und sie gaben zu, dass sie immer wieder mal auch ein Taxi nahmen. Eine andere junge Frau aus Österreich erzählte mir ihre ganze Lebensgeschichte. Sie möchte eine Ausbildung für Musiktherapie machen. Sie war früher schon in therapeutischer Behandlung. Sie wirkte sehr unsicher, hatte bereits in den Anfangstagen große Probleme, da sie keinen Geldautomaten und keine Unterkunft gefunden hatte. Sie bekam von einem

Pilger Geld geliehen und ging völlig unbedarft mit einem Mann nach Hause, der behauptet hat, er sei ein pensionierter Polizist. Ein anderes Mal traf ich sie mit einem merkwürdigen Mann. Ich hatte ein schlechtes Gewissen, sie mit ihm allein zu lassen. Doch ich muss lernen, mich nicht für jeden verantwortlich zu fühlen. Tja, in einer Herberge hatte man mich für ihre Mutter gehalten. Dann war da noch eine sehr kurze Begegnung mit einer Französin, die mürrisch meinte, dass sie schon auf etlichen anderen Caminos unterwegs gewesen sei, aber keiner wäre so negativ und unsozial gewesen, wie sie gerade den Camino del Norte erlebt. Über Andreas aus Seattle mit der Asche seines Vaters und von der Spanierin mit Hund habe ich bereits berichtet. Den Mann mit Hut habe ich noch nicht erwähnt. Ich traf ihn an einem Regentag und fragte, ob er ein Foto von mir machen würde. Danach wäre ich gerne noch ein Stück mit ihm weitergegangen, doch er wollte allein laufen. Ihn traf ich später auch häufig, sogar noch am letzten Tag in Santiago. Er war früher Marathonläufer, sei nun pensioniert und geschieden und hätte viel Zeit. Es war ganz nett, sich einmal mit ihm zu unterhalten, mehr aber nicht. In den ersten Tagen traf ich manches Mal einen deutschen Lehrer, der auf mich sehr überheblich wirkte. Ihn habe ich gerne ziehen lassen. Auch von den netten jungen Leuten aus Kanada habe ich berichtet. Die junge Frau aus Korea traf ich manches Mal, immer war sie bemüht, sehr früh loszugehen, um ein Bett in der nächste Herberge zu ergattern. Wenn ich so darüber nachdenke, habe ich doch sehr viele Menschen getroffen. Doch eine „Gattung" fehlt mir: die Menschen, die aus religiösen Gründen oder spirituellen Motiven unterwegs sind. Wahrscheinlich gibt es die mehr auf dem Camino Frances. Man sagt, dass jeder nach dem Camino nicht mehr derselbe Mensch wäre als vorher. Das klingt so toll, doch verändert man sich denn nicht ständig? Wer ist nach fünf bis sechs Wochen immer noch derselbe? Also ist das eine allgemeingültige Feststellung. Natürlich bin ich nach dem PCT und dem Camino nicht mehr dieselbe wie noch am Anfang des Jahres. Und das ist gut so.

Der Weg ist das Ziel

Das ist ein Satz, der viel zu häufig verwendet und über den viel zu wenig nachgedacht wird. Die meisten Menschen plappern ihn einfach nach und kommen sich dabei unheimlich weise vor.

Sowohl am PCT als auch am Camino tauchte dieser Satz in meinem Kopf immer wieder auf, und ich verspürte einen Widerwillen. Nein, für mich stimmt der Satz nicht. Nicht der Weg ist das Ziel, sondern das Ziel ist das Ziel! Das gilt für jede Bergtour genauso wie für jeden Pilgerweg, falls er nicht nur eine sportliche Aktivität ist. Jeder Pilger hat ein Ziel. Ansonsten ist er ein Wanderer. Das ist ja auch nicht schlecht.

Vielleicht könnte man aber sagen: *„Der Weg ist der Sinn!"* Darüber möchte ich noch mehr nachdenken. Viele Menschen, die ich unterwegs getroffen habe, wollten zuerst nach Santiago und dann weiter nach Finistere. Das man auch als das Ende der Welt bezeichnet. Eine wunderschöne Küste, wo man angeblich unbedingt den Sonnenuntergang gesehen haben muss.

Für *„richtige"* Pilger ist jedoch die Kathedrale von Santiago mit dem Grab von Jakobus das Ende ihrer Pilgerreise, bevor es dann wieder zurückgeht.

„Das Ziel ist das Ziel!"

Wenn ich den PCT noch einmal laufen würde

Da ich nur einen Teil gelaufen bin, stellt sich die Frage so nicht. Im Moment denke ich nicht, dass ich einen zweiten Versuch starten werde. Doch was würde ich anders machen? Auf jeden Fall würde ich später losgehen, Ende April oder sogar Anfang Mai. Da hat man dann für die Sierra Nevada bessere Bedingungen. Ich würde nur mit Schuhen von Altra gehen, denn da bekomme ich keine Blasen, und ich hätte mir meine Fußprobleme erspart. Außerdem würde ich alle Teile des Rucksackinhalts vorher wiegen und wirklich schauen, dass ich mit leichtem Gepäck unterwegs bin. Ich würde alles weniger streng sehen. Wer sagt denn, dass ich jede Meile zu Fuß gehen muss? Wenn nötig, würde ich Strecken auslassen und umgehen bzw. umfahren. Wenn ich ehrlich bin, muss ich zugeben, dass ich die 4000 km nicht in der notwendigen Zeit schaffen kann. Und bevor ich dann in Washington in Schnee komme, müsste ich vorher abbrechen. Daher würde ich mir insgesamt mehr Zeit lassen. Die Tagesetappen nicht abhängig machen vom Durschnitt, den man braucht, um es bis Kanada zu schaffen. 20 Meilen sind oft zu viel. Einfach loswandern und sehen, wie weit ich komme. Ich würde mir also Zeit lassen und die Landschaft genießen. Wenn man sich weniger stresst und nicht durch die Gegend rennt, hat man auch mehr Zeit für Begegnungen. Manche Hiker sagen, dass es die Menschen sind, die ihnen vom PCT am meisten in Erinnerung geblieben sind. Obwohl ich es liebe, alleine unterwegs zu sein, würde ich aus Sicherheitsgründen versuchen, immer in bzw. mit einer Gruppe zu wandern. Auch bei meiner Ernährung würde ich vieles ändern. Immer diese Müsliriegel und Probars haben mir nicht gut getan. Viel zu viel Zucker. Nicht nur, dass ich schnell keinen Appetit darauf hatte, sondern ich fühlte mich im Laufe der Zeit damit unwohl. Natürlich muss man darauf schauen, wo man die nötigen Kalorien herbekommt, doch für mich passt es so nicht. Auf dem Camino habe ich stattdessen Nüsse und Trockenfrüchte mit, und in den Ortschaften habe ich „richtiges" Essen zu mir genommen. Das war in Spanien kein Problem. Wenn ich den PCT noch einmal machen würde, würde ich Bewährtes beibehalten. Meine Ausrüstung war ok. Ich würde auf jeden Fall wieder den Spott mitnehmen, der lebensrettend sein kann. Wichtig war für mich, auch eine US-Sim-Karte zu haben. Ich würde einen Blog starten, um regelmäßig meine Erlebnisse und vor allem Fotos mit anderen teilen zu können. So ein Blog ist auch für einen selbst hilfreich, denn man kann nach der Rückkehr auch zu Hause vieles noch einmal sehen und nachlesen.

Wenn ich den Camino noch einmal laufen würde

Was ich zum PCT geschrieben habe, gilt teilweise auch für den Camino. Wenn ich den Jakobsweg noch einmal machen würde, würde ich mir Zeit lassen. Zeit für eigentlich alles: um die Landschaft mehr zu genießen, um Pausen an schönen Orten zu machen, selbst wenn ich keine Pause benötige. Ich würde versuchen, von Anfang an mehr mit anderen Pilgern ins Gespräch zu kommen, nicht erst in den letzten Tagen. Ich würde mit weniger Gewicht loslaufen. Bei der Ausrüstung würde ich folgende Änderungen vornehmen: Man braucht am Camino wirklich keinen Daunenschlafsack. Selbst dann nicht, wenn man im Zelt übernachtet. Für die Herbergen würde ich einen dünnen Schlafsack und einen Bezug fürs Kopfkissen mitnehmen. Ich würde mir überlegen, ob ich nicht zu einer anderen Jahreszeit gehen könnte, denn dann gäbe es kein Problem mit überfüllten Herbergen. Zwar liebe ich es, im Zelt zu übernachten, doch um Gewicht zu reduzieren, würde ich auf dem Camino lieber darauf verzichten. Ich habe gesehen, dass ein Zelt zwar hilfreich, aber nur dann notwendig ist, wenn die Herbergen voll sind. Ich würde beim nächsten Mal für das Ende keinen fixen Termin festlegen, also weder einen Flug noch ein Hotel buchen. In Santiago findet man immer etwas zum Übernachten, selbst im Hochsommer. Und ich würde den Camino erst dann laufen, wenn die Kathedrale in Santiago de Compostela fertig renoviert ist.

Link-Liste

Food resupply

https://outdoorherbivore.com/services/
zerodayresupply.com
https://www.sonorapassresupply.com/mailed-resupply

Pacific Crest Trail

https://de.wikipedia.org/wiki/Pacific_Crest_Trail
https://www.pcta.org/
https://www.travelbook.de/news/usa-wanderweg-pacific-crest-trail persönlicher Bericht
Der PCT in drei Minuten Video
https://www.altrarunning.eu/de/
https://lnt.org/online_awareness_html5/
https://lnt.org/get-involved/training-courses/online awareness-course/
https://www.pcta.org/discover-the-trail/backcountry-basics/leave-no-trace/
https://www.postholer.com/planner/Pacific-Crest-Trail/1
https://bearvault.com/

Bücher

Barfuß und wild: Wege zur eigenen Spiritualität, Fredrichs, Jan, **Verlag:** Patmos Verlag; Auflage: 1 (12. März 2018)

Du kannst, wenn du willst Mein schwerer Weg zur Ultraläuferin, Fuchsgruber, Rafael, **Verlag:** Delius Klasing; Auflage: 1. Auflage 2018 (19. März 2018)

Pocket PCT: Complete Data and Town Guide Bodnar, Paul,**Verlag:** CreateSpace Independent Publishing Platform; Auflage: 4 (16. Januar 2016)

Thru-Hiking Will Break Your Heart: An Adventure on the Pacific Crest Trail, Quinn, Carrot **Verlag:** CreateSpace Independent Publishing Platform (22. April 2015)

Laufen. Essen. Schlafen.: Eine Frau, drei Trails und 12700 Kilometer Wildnis, Thürmer, Christine, **Verlag:** NG Taschenbuch; Auflage: 2. (1. August 2018)

The Pacific Crest Trail: Exploring America's Wilderness Trail, Larabee, Mark, **Verlag:** Rizzoli; Auflage: 01 (11. Oktober 2016)

Der große Trip: Tausend Meilen durch die Wildnis zu mir selbst, Strayed, Cheryl, **Verlag:** Goldmann Verlag (21. April 2014)

Links Camino de la Costa

https://de.wikipedia.org/wiki/Camino_de_la_Costa
https://jakobsweg-kuestenweg.com/camino-de-la-costa/
https://www.jakobsweg-spanien.info/routen/camino-de-la-costa/
https://www.jakobsweg.de/der-jakobsweg-an-der-kueste/
https://www.kuestenweg.de/
http://www.jakobs-weg.org/camino-del-norte.html
https://www.wandern.de/tour/ind-485
https://www.jakobsweg.de/kuestenweg/
https://www.fernwege.de/e/kuestenweg/etappen/index.html
https://jakobsweg-kuestenweg.com/etappen-kuestenweg-camino-del-norte/
https://www.kuestenweg-jakobsweg.de/
https://jakobsweg-kuestenweg.de/camino-del-norte-herbergen/
http://www.jakobus-info.de/jakobuspilger/96-spain-norte.htm
https://www.jakobus-franken.de/fileadmin/user_upload/jakobus-gesellschaften.de/Pilgerwege/Spanien/Kuestenweg/UEbernachtungsverzeichnis_Camino_del_Norte.pdf
https://www.jakobsweg.de/vergleich-der-jakobswege/
http://www.jakobswege-europa.de/wege/
https://www.pilgern.ch/jakobsweg/karte/
https://de.wikipedia.org/wiki/Pilger

Filme

The Way https://youtu.be/OA6aq85WhXU
Ich bin dann mal weg https://youtu.be/JalwrDqu7To
Brüder III Auf dem Jakobsweg https://youtu.be/iIpR3I3aBtE

Bücher

Spanien: Jakobsweg Küstenweg (Der Weg ist das Ziel) (Outdoor Pilgerführer) Taschenbuch, Raimund, **Verlag**: Conrad Stein Verlag, 28. Januar 2019

Jakobsweg – Camino del Norte: Küstenweg von Irun bis Santiago de Compostela. 34 Etappen. Mit GPS-Tracks (Rother Wanderführer), Rabe Cordula Taschenbuch **Verlag**: Bergverlag Rother; Auflage: 5. aktualisierte Auflage 2018 (29. Juni 2018)

Camino del Norte, Küstenweg, Wanderführer für den Jakobsweg von Irun nach Santiago, Wise Pilgrim, Verlag Michael Matynka Iglesias (1. Juli 2018)

Jakobsweg an der Küste: Burnout: Eine Wanderung auf schmalem Grat, Taschenbuch, Seebauer, Christian, **Verlag**: Pro Business digital; Auflage: 1. (22. August 2012),

Ich bin dann mal weg: Meine Reise auf dem Jakobsweg, Kerkeling, Harpe, **Verlag**: Piper Taschenbuch; Auflage: Ungekürzte Taschenbuchausgabe, 2. Aufl. (1. April 2009)

APP für den Jakobsweg.
Buen Camino. Diese APP enthält alle gängigen Jakobswege durch Spanien und Portugal, sehr nützlich ist es, dass auch die Herbergen verzeichnet sind (mit Kontaktmöglichkeiten).

Bewerten Sie dieses Buch auf unserer Homepage!

www.novumverlag.com

Die Autorin

Die Autorin Christine Schweinzer wurde 1958 geboren und engagierte sich ihr Leben lang in sozialen Berufen: in der Erwachsenenbildung und Jugendarbeit, als Kliniksozialarbeiterin, in der Telefon- und Klinikseelsorge und im Hospizdienst. Mit ihrer Erstveröffentlichung „Von San Diego nach Santiago" gibt sie allen Hikern hilfreiche Tipps und – vor allem dies – wertvolle Überlebensstrategien auf ihrem Weg. Unterwegs zu sein in fremden Ländern oder auf dem Weg zu sich selbst: Das ist immer noch ihr Ziel. Und nebenbei – was sonst – das Schreiben.

novum VERLAG FÜR NEUAUTOREN

Der Verlag

„ *Wer aufhört
besser zu werden,
hat aufgehört
gut zu sein!*

Basierend auf diesem Motto ist es dem novum Verlag ein Anliegen neue Manuskripte aufzuspüren, zu veröffentlichen und deren Autoren langfristig zu fördern. Mittlerweile gilt der 1997 gegründete und mehrfach prämierte Verlag als Spezialist für Neuautoren in Deutschland, Österreich und der Schweiz.

Für jedes neue Manuskript wird innerhalb weniger Wochen eine kostenfreie, unverbindliche Lektorats-Prüfung erstellt.

Weitere Informationen zum Verlag und
seinen Büchern finden Sie im Internet unter:

www.novumverlag.com

Christine R. Schweinzer
Lichtnahrung

ISBN 978-3-99038-824-2
96 Seiten

Wie ist es möglich, sich von Licht zu ernähren und warum machen das viele Menschen? Lesen Sie, dass spirituelle Vorstellungen und wissenschaftliche Erkenntnisse sich nicht widersprechen müssen. Hinterfragen Sie Ihr Weltbild und öffnen Sie sich für andere Denkweisen.